AF388699

L A

PREMIERE NUIT

D E

MES NOCES.

TOME SECOND.

2ᵉ. Vᵉ
Mirbach
...riage Sc.

LA
PREMIERE NUIT
DE MES NOCES.

TRADUIT DU CHAMPENOIS,

Par l'Auteur de Brick-Bolding, de l'Histoire d'un Chien, etc.

TOME SECOND.

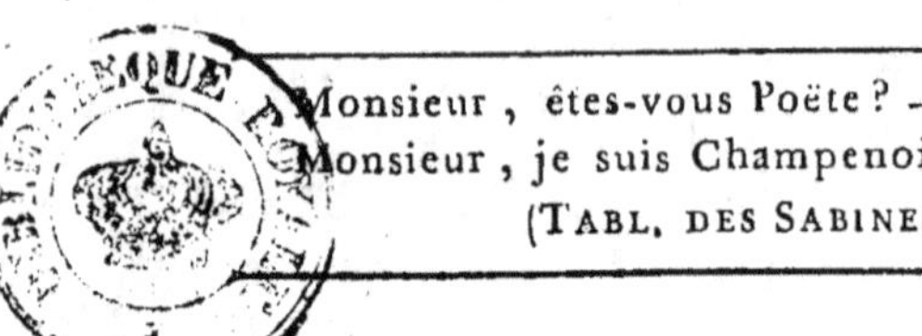

> Monsieur, êtes-vous Poëte? — Non,
> Monsieur, je suis Champenois.
> (TABL. DES SABINES.)

A PARIS,

Chez Madame MASSON, éditeur et lib., rue de
l'Echelle, n°. 558, au coin de celle Honoré.

AN X. — 1802.

LA PREMIERE NUIT

DE

MES NOCES.

CHAPITRE XIII.

Je signe.

LA vie est-elle autre chose qu'un roman? Quel est l'homme, je veux parler de celui que l'éducation a disposé pour entrer dans la société, quel est l'homme à qui il ne soit pas arrivé quelques-uns de ces événemens qu'on juge invraisemblables, lorsqu'ils sont dans un livre et auxquels on ajoute foi, lorsqu'ils sont racontés et certifiés par le

héros lui-même ? — Voyagez dans
une diligence, le premier jour on
se regarde, on se tait. Le second,
on fait connaissance, et le troisième, après avoir joué au *pigeon-
vole*, chacun, pour se désennuyer,
récite ce qu'il a éprouvé d'extraordinaire dans sa vie. Celui-ci, par un
destin miraculeux, a échappé à la
la mort. Celui-là a fait cinq ou six
naufrages, il a été pris par des cor-
saires, et emmené à Tunis, où il a
employé mille ruses pour sortir de
l'esclavage. Un autre vous dit avec
un grand flegme, qu'ayant traversé
des déserts, il a vécu huit jours
sans manger. Un autre, qu'ayant
été attaqué sur telle ou telle route
par une bande de voleurs, il a ré-
sisté seul au nombre, qu'il en a tué
quatre de sa propre main, et mis
le reste en fuite. Un autre enfin,
tombe sur le chapitre des femmes.

Il en a trompé dix à-la-fois ; une seule qu'il a aimée franchement, lui a été enlevée par un rival , et il a épousé celle qui avait toutes les qualités propres à faire un mauvais ménage. — Sans doute vous avez quelquefois passé la soirée dans une de ces maisons où l'on ne joue point à la bouillotte, mais où la maîtresse, déjà sur le retour , ensevelie dans de larges coussins, les pieds négligemment posés sur les chenets , est entourée de vieux courtisans , de rentiers ruinés , de vieilles coquettes et de gens qui ne savent où traîner le fardeau de leur existence. Eh bien ! quand la politique , les nouvelles du jour et les médisances ont été épuisées, n'avez-vous pas entendu l'aimable surannée faire un tableau emphatique de ses premières passions , et se dédommageant du présent par les

souvenirs du passé, vanter les hauts-faits des chevaliers de sa cour. Vingt de ses adorateurs sont morts en duel. Un officier de dragons a mis le feu à un couvent pour l'enlever et la conduire dans le pays étranger. Un bourguemestre, désespéré de son indifférence, a terminé ses jours par le poison. Elle a tourné la tête à l'empereur de Russie, elle a séduit ses ministres par l'éclat de sa beauté, un pacha à trois queues a déposé à ses pieds tout l'or et les diamans de l'empire d'Orient, elle a tout rejetté avec un noble désintéressement. Que d'écueils a éprouvé sa vertu! Un simple artiste, un peintre italien en est devenu amoureux, le pinceau d'Apelle l'a emporté sur les trésors de Crésus. Le tems fuit, les belles années s'écoulent, la rose perd sa fraîcheur, l'amour s'envole, et le peintre
abandon nan

abandonnant sa nouvelle Sophro-
nime , s'embarque pour aller des-
siner les ruines de l'antique Grèce.
La belle infortunée a épousé un
riche financier , qui est mort en lui
laissant des dettes , et la pauvre
veuve est réduite maintenant à s'en-
tretenir de son ancienne splendeur ,
au milieu d'un cercle de barbons
qui lui ripostent par le récit des
batailles qu'ils ont livrées, des sièges
qu'ils ont faits , des assauts qu'ils ont
soutenus, des ambassades qui leur
ont été confiées , de l'argent qu'ils
ont *mangé*, et des bonnes fortunes
qu'ils rencontrent encore , en dépit
de leurs cheveux blancs. L'observa-
teur écoute attentivement, recueille
tous ces faits , amoncèle des matériaux , et finit par publier , sous le
voile de la Fable , l'histoire de ces
personnages ridicules. Les vices ,
les défauts , les vertus, les crimes et

les belles actions, tout est pêle-mêle, tout a l'air d'un mensonge, on dit : *c'est un Roman*, et tout a été puisé dans la vérité. — Un homme que tout le monde connaît, parce qu'il est, par son genre de commerce, en relation avec tout le monde, me voyant, il y a quelques jours, travailler à ma confession, me pria d'entendre ses avantures. — Vous auriez de quoi faire dix volumes, me dit-il de la meilleure foi du monde.—J'ai été génovéfain, dévot, soldat, joueur, petit-maître, libertin, libraire, contrefacteur, courtier, procureur, agent-de-change, prêteur sur gages, chirurgien, fossoyeur, receveur des douanes, escamoteur, musicien, ivrogne, poëte, gueux, journaliste, arracheur de dents ; grace au divorce, j'ai épousé trois femmes. La première m'a donné deux enfans dont je n'étais pas le père; la seconde était romanesque, et me disputait sans cesse le droit de la rendre mère; la troisième aujourd'hui me fait enrager par sa ladrerie et son avarice. — Et vous croyez, lui répondis-je, que le narré de vos extravagances ferait un livre utile à la société ?

— Il amuserait.....

— Les sots.

— Il se vendrait.....

— Aux êtres que la société rejette de son sein. Monsieur l'aventurier, ma tâche est déja trop pénible, pour que je me charge de vos iniquités. Offrez à d'autres vos matériaux, si j'ai entrepris de peindre la bizarrerie de ma destinée, c'est parce qu'en montrant les pièges qu'on m'a tendus, j'avertis mes lecteurs des pièges qu'on pourrait leur tendre, mais assurément j'aurais gardé le silence, si je n'eusse été qu'un homme immoral par principe, vicieux par caractère, et malheureux par ma propre faute. Ma jeunesse mal guidée, mon inexpérience ont été les seules causes de mes torts, ma conscience n'a point à se reprocher les travers de mon imagination, j'ai toujours conservé un cœur excellent, et c'est parce que j'ai cru bien faire que souvent j'ai mal fait; mais cessons cette digression, la première qui me soit échappée, et entrons avec le capitaine Rivardin dans le cabinet de monsieur Ribout.

— Vous disiez donc, messieurs, reprit le notaire en mettant ses lunettes et en taillant sa plume, que vous veniez pour....

— Pour vous prier, répondit le capitaine, de nous dresser un acte par lequel monsieur (en me montrant) promet d'épouser ma sœur...

— Ah ! ce n'est encore qu'une promesse !....

—Que j'hypothèque, ajoutai-je vivement, sur mon honneur et sur tous mes biens présens et à venir.

— C'est différent ! cela vaut un contrat. Dites-moi les noms, prénoms, âge et qualités de la demoiselle.

— Le capitaine portant la parole. — Son nom ? *Rivardin.* — Ses prénoms ? *Anne-Benedicte.* —Son âge ? *dix-huit ans.* —Ses qualités ?..... — Je réponds à mon tour. — Toutes celles que doit avoir une femme pour faire le bonheur d'un époux.

Le notaire. — Ce ne sont pas là des qualités à insérer dans un acte. Quand j'épousai madame Ribout, je ne fis point mettre sur le contrat qu'elle était bonne, douce, tendre, vertueuse et sensible.

Le capitaine avec malice. — C'est que vous aviez peut-être des raisons pour cela.

Le notaire piqué. — Monsieur, c'est qu'en matière civile, il faut des choses et non pas des mots. Si cet usage était reçu, on finirait par ne plus s'y reconnaître.

Le capitaine souriant. — Il est vrai. Que de femmes qui n'ont apporté en mariage que leur sagesse et leur beauté, se trouveraient réduites à zéro, si en cas de mort ou de séparation de biens, elles étaient dans le cas de réclamer leur dot.

Ce monsieur Ribout était un terrible raisonneur ; comme je prévoyais que cette discussion pouvait encore amener quelque scène fâcheuse, je le priai de laisser les qualités en blanc, et de passer promptement à ce qui me regardait.

— Soit ! me répondit-il, votre nom ?

— Pascal Hubert.

— Pascal Hubert ! — Monsieur Ribout quitte la plume, redresse ses lunettes prêtes à tomber, se retourne brusquement vers moi et m'examine depuis les pieds jusqu'à la tête. — Pascal Hubert ! continue t-il avec le ton de la plus grande surprise. J'ai connu un *Hubert* qui a été jadis mon camarade de collège... Seriez-vous son fils?

— Je ne crois pas que mon père ait étudié dans sa jeunesse ; ou s'il a été au collège, il est à présumer qu'il n'a point passé sa *sixième.*

— Justement, nous étions tous deux pensionnaires au couvent

de St. Symphorien, à Châlons-sur-Marne.

— A Châlons-sur-Marne!....En effet je crois avoir entendu raconter.....

-- Un jour qu'on voulut le punir d'avoir manqué à son devoir, il s'évada, après avoir donné un coup de canif au correcteur. Vivacité d'écolier. Car c'était le meilleur enfant du monde.

— J'ai oui parler de cette espiéglerie !

—Il alla à pied jusqu'à Rochefort, là, il se fit mousse...

— Mousse !... C'est mon père !

— Ensuite il courut toutes les mers, il voyagea dans les Indes, dans l'Amérique, il s'enrichit, revint en France avec du butin, épousa la fille d'un fermier de Join-ville, et s'établit à Troye en Champagne.

— C'est mon père, monsieur, c'est mon père !

— Brave homme ! Il y a dix-neuf ans que je ne l'ai vu ; il passa à cette époque par Fontainebleau, en revenant de Paris où il venait de gagner un procès. Ce fut lui-même qui me raconta alors toutes ses petites frédaines, vit-il encore ?

— Je l'espère.

— Où est-il ?

— Toujours à Troye.

— Que fait-il ?

— De la bierre excellente, renommée à vingt lieues à la ronde.

— Comment se porte-t-il ?

— Je l'ai quitté, il y a deux mois, en parfaite santé.

— Vous me charmez, mon bon ami, quand vous le reverrez, parlez-lui, je vous prie, de son vieil ami, de monsieur Ribout.

— Je n'y manquerai pas, monsieur. Mais nous sommes pressés, nous avons déjà perdu beaucoup de tems, faites-nous la grâce de nous expédier plus vîte.

— Volontiers ! volontiers ! — Monsieur Ribout reprend la plume et écrit, mais en écrivant il ne perd pas la parole, et je crois que jamais surprise n'égala la mienne, lorsque les questions suivantes vinrent frapper mon oreille.

— Ce cher homme ! ce pauvre ami, dit d'abord monsieur Ribout en parlant entre ses dents, que je suis content d'apprendre de ses nouvelles. Ensuite élevant la voix.

— Nous le verrons, sans doute, si vous faites vos nôces à Fontaine-bleau ?

— Ce point n'est pas encore décidé.

— Monsieur Ribout s'arrêtant et me fixant avec un air sérieux. —

Jeune homme, il sait sûrement vos projets, il connait votre prétendue? il consent à votre mariage? Cette promesse ne se fait point sans son aveu? dites-le moi, car quelque disposition que j'eusse à vous servir, j'aimerais mieux que vous eussiez recours à tout autre confrère, plutôt que de vous faire signer un acte qui compromettrait son autorité.

Maudit notaire! Le capitaine recommençait à froncer le sourcil, je trepignais comme lui, j'appréhendais de nouvelles difficultés. Alors sans me déconcerter et pour lever les scrupules de monsieur Ribout, je répondis hardiment: — Il sait tout, il approuve tout, il consent à tout, au nom du ciel, ne nous faites pas languir davantage.

— Patience! patience! puisque vous m'assurez qu'il n'y a pas d'inconvéniens.... A propos ! votre frère est-il marié ? (Voilà la grande question ! Lecteur ! vous qui me croyez fils unique, n'en êtes-vous pas aussi étonné que moi ?) comme je m'imaginais avoir mal compris monsieur Ribout, je le priai de répéter, et il reprit à haute et intelligible voix : — Je vous demande , monsieur, si votre frère est marié ?

— Mon frère !

— Oui, n'avez-vous pas un frère ?

— Jusqu'à-présent je ne sache pas que.....

— Il est donc mort ?

— Vous vous méprenez sans doute. Mon père n'a jamais eu que moi d'enfant.

— Légitime. D'accord !.... Mais....

— Expliquez-vous , monsieur.

— Je m'apperçois qus j'ai commis une indiscrétion. Trouvez bon que nous n'en parlions plus.

— Monsieur, je veux savoir....

— N'insistez pas davantage, je ne dirai rien.

— Vous avez trop piqué ma curiosité pour me laisser dans le doute où je suis.

—C'est de ma faute, je l'avoue, je n'ai pas fait attention que monsieur le capitaine était étranger....

— Il ne l'est point, j'épouse sa sœur, je lui dois toute ma confiance.

—Permettez, ce sont des secrets de famille qu'il ne m'appartient pas de divulguer. J'ai cru, en vous questionnant légèrement, que vous étiez instruit de tout, mais puisque vous ne savez rien, je sens trop toute la conséquence de mon premier tort, pour en commettre un second plus condamnable, votre père ne me le pardonnerait jamais.

Le capitaine Rivardin voulant se retirer pour nous laisser parler en pleine liberté , monsieur Ribout l'en empêcha, en l'assurant que rien au monde ne l'engagerait à proférer une parole de plus. — Voilà votre acte fini, ajouta-t-il, en me présentant son griffonnage, il ne vous reste plus qu'à signer.

Et je signai!.... Et je remis la promesse entre les mains du capitaine, après que le notaire, bavard irréfléchi, discret à contre-tems , en eut fait tirer un double par son petit clerc, lequel double resta déposé dans les archives du notariat.

CHAPITRE XIV.

Nouvelle affreuse.

— JE suis content de vous, me dit le capitaine, en me serrant la main, la franchise de vos procédés me plaît, et je veux vous donner des preuves de ma confiance. — Le ton affectueux de mon futur beau-frère me fit aussi concevoir de lui une opinion plus favorable, et je lui avouai à mon tour que je l'avais mal jugé ; d'après la conduite que je lui avais vu tenir, sans le connaître alors, à l'auberge de Melun. — Il est vrai, me répondit-il, que je m'y suis comporté comme un militaire qui s'avance sur le pays ennemi, mais ayant marché tout le jour, la chaleur m'avait altéré, j'ai bu plus que ma raison ne devait me le permettre, le vin m'avait échauffé la tête, et j'ai fait des extravagances. Je ne vous ai guère paru plus raisonnable, lorsque j'ai été vous arrêter sur la route de Nemours, la violence dont j'usai envers vous, et que je me reproche bien sincèrement, était l'effet de mon caractère bouillant, emporté, et de l'indignation dont me pénétrait la cruelle position de ma sœur. Des lettres m'avaient appris à l'Orient où je venais de débarquer, qu'un jeune homme était parvenu à se faire aimer de *Benedicte*, qu'après l'avoir séduite par de vaines promesses, oubliant tout-à-la-fois l'honneur, ses sermens, les égards dûs à un sexe sans défense, à une jeune personne qu'il croyait sans appui, il l'avait lâchement abandonnée, j'arrivai pour sauver sa réputation, pour chercher le traître et le punir. A peine de retour, on me dit que le séducteur a paru dans Fontainebleau; que sur le bruit de mon arrivée et de mes projets de vengeance il a pris de nouveau la fuite; on m'indique la route....

— Ce fut monsieur Absalon sans doute qui vous fit ces rapports?

— Lui-même. Je monte à cheval, je vole à votre poursuite, et dans ma colère.... Mais votre sang-froid, votre air calme suspendirent tout-à-coup ma fureur. Je l'avoue, je vous crus moins coupable en voyant votre tranquillité, et honteux du crime que j'allais commettre moi-même, je revins aussitôt à l'idée d'avoir avec vous une explication franche, et d'obtenir d'une manière plus digne d'un marin français, la satisfaction qu'un frère qui se croit offensé a le droit d'exiger. Toutes ces circonstances se sont tellement succédées que je n'ai pas même eu assez de tems pour interroger ma sœur et la presser, au nom de ses propres intérêts, à m'avouer quel était son amant, quel était celui qu'on m'avait peint comme le plus perfide des hommes. Dans les lettres que j'avais reçues à l'Orient, on ne m'avait donné que des renseignemens indirects sur votre compte. La personne qui m'écrivait savait seulement que vous apparteniez à une famille honnête et riche, elle ignorait votre nom et votre retraite. Ce n'est qu'à l'instant même que je viens d'apprendre comment je dois appeler mon ami, mon frère, l'époux de ma sœur.

Cet éclaircissement en demandait un autre de ma part: j'appris à

mon tour au capitaine le hazard
qui m'avait procuré le bonheur de
connaître sa sœur, je lui peignis l'a-
mour pur et désintéressé que j'a-
vais conçu pour elle dès la première fois qu'elle s'était offerte à
mes yeux, je l'instruisis des aventures qui m'étaient arrivées à Paris,
à Melun, je lui communiquai la lettre
de mon père, celle de l'anonyme,
je lui donnai tous les détails qu'il
pouvait desirer sur ma famille, sur
mes espérances. Enfin je le satisfis
si pleinement, qu'il me rendit la
justice que je méritais ou croyais
mériter, et qu'il me dit que c'était
à tort qu'on m'avait accusé ; que
mes prétentions n'avaient rien qui
dussent choquer une personne
honnête, qu'en un mot il se regardait comme très-honoré de l'alliance
dont je venais de signer les préli-
minaires, et que si je pouvais croire

qu'il doutât de ma sincérité, il était prêt à déchirer la promesse de mariage qu'il avait entre les mains. —Et pour vous donner, répétat-il encore, une preuve de ma confiance, c'est que je ne laisserai rien terminer que vous n'ayiez obtenu le consentement de vos parens. J'irai à Troye avec vous si vous le jugez à propos, je me ferai connaître moi-même à votre père, je lui procurerai sur ma famille tous les renseignemens qu'il sera de son devoir d'exiger, je joindrai mes prières aux vôtres, sans lui parler de l'engagement auquel vous avez souscrit, et cette soumission hâtera peut-être votre bonheur beaucoup plus que la liberté que les lois vous accordent.

Telle fut la conversation que j'eus, chemin faisant, avec le capitaine, et nous étions parfaitement

contens l'un de l'autre, lorsque nous
fûmes de retour à l'appartement où
quelques heures auparavant il m'a-
vait mis à la question. Impatient de
connaître le résultat de l'évanouissement de mademoiselle Benedicte,
je voulus pénétrer dans sa chambre,
mais la vieille femme (que j'ai toujours appellée, *madame Rivardin*)
s'opposa à mon passage, en me disant que sa fille était au lit; que la
fièvre venait de s'emparer d'elle et
que dans son premier transport,
elle avait plusieurs fois répété le
nom d'*Hubert*. — C'est le mien lui
répondis-je , c'est celui de son
époux. Madame, souffrez que je la
voie, que je lui fasse part de l'engagement que je viens de signer ,
ma présence calmera peut-être ses
sens, laissez-moi lui dire combien
je l'aime , combien il me tarde de
lui consacrer ma vie et de serrer les

liens qui doivent nous unir. — Non ,
non , reprit madame Rivardin , il
lui serait impossible de vous entendre en ce moment, et le médecin
que j'ai envoyé chercher pendant
votre absence, m'a expressément re-
commandé de ne laisser entrer personne. Attendez qu'elle ait pris un
peu de repos. — Eh bien ! je ne lui
parlerai point , laissez-moi seulement l'approcher sans bruit , la regarder , la contempler....

— Je le veux bien.... Mais allez
doucement.... Elle dort peut-être
à présent, prenez garde de troubler
son sommeil.

— Ne craignez rien. Je serai prudent..... — En effet je m'avançai
sur la pointe des pieds jusqu'auprès
du lit de mademoiselle Benedicte
et respirant à peine , j'écartai avec
précaution un des rideaux qui lui
cachaient le jour. — Elle dormait....

Du moins ses yeux étaient fermés,
et son front me paraissait assez
calme. Quelques soupirs s'échap-
paient pourtant de son sein, des
mots entrecoupés sortaient par intervalle de sa bouche vermeille.
—Où est-il? — Il m'abandonne.
— Mon frère. — Epargnez-moi.
—Epargnez - le. — Je rapportais
toutes ces paroles à la scène qui
venait d'avoir lieu, à l'émotion vio-
lente que mon aspect imprévu lui
avait causée, et quoique désespéré
de l'état de souffrance où je la
voyais réduite, j'éprouvais au fond
de l'âme un plaisir secret d'être l'objet d'un amour aussi vif, d'une passion à laquelle j'avais toujours été
bien loin de m'attendre. Madame
Rivardin ne me laissa pas long-tems
dans mon extase, elle vint me tirer
par le pan de l'habit, et m'ordonna
de sortir. J'obéis, je rejoignis le ca-

pitaine et nous nous en allàmes ensemble, dans le dessein de nous occuper des apprêts de notre départ. En sortant de la maison, nous rencontrâmes encore une fois monsieur Absalon. — On vous cherche, me dit-il, en passant à côté de moi? — Qui? — Allez aux *Trois Rois*, vous le saurez. et il s'éloigna sans que je pusse lui faire d'autres questions. — Je vais aux *Trois Rois*, je m'informe quelle est la personne qui m'a demandé. — Moi, répond un postillon qui tenait compagnie à une bouteille de vin, n'êtes-vous pas monsieur Hubert? —Oui. — J'ai une lettre à vous remettre. — De quelle part? — Je l'ignore. -Donnez. - La voilà.-A l'adresse, je reconnais l'écriture du billet que le vieux quaker m'avait déjà fait tenir le matin. J'ouvre, je lis, la lettre s'échappe de mes mains, une sueur froide

froide mouille mon front, tout mon corps frissonne, mes genoux fléchissent, je tombe sur le carreau, et me voilà évanoui à mon tour. Surprise! ébahissement des spectateurs! on accourt, on s'empresse, on me relève; on me fait avaler, non pas du *laudanum*, monsieur Absalon heureusement n'était pas là, mais un grand verre d'eau-de-vie qui ranime mes esprits. — Que vous est-il survenu, me dit le capitaine, en frappant de toutes ses forces dans mes mains; quelle nouvelle avez-vous apprise? vous m'effrayez!....

— Je suis le plus malheureux des hommes.

— Pourquoi?

— C'est moi sans doute qui suis la cause..... Mon ami, soutenez-moi..... Je n'ai pas la force de parler.... Reconduisez - moi chez vous.... J'ai besoin de vos soins, de votre secours.... Venez, c'est 'à vous seul que je veux confier le malheur qui m'arrive.

Le capitaine impatient se hâte de me ramener chez lui, et sans savoir encore de quoi il s'agit, il m'exhorte d'avance au courage, à la résignation. — Rappelez votre raison, me dit-il, c'est lorsque la mer devient furieuse, que le pilote doit montrer le plus de sang-froid ; plus la tempête est terrible, plus il faut être calme. — Ecoutez, lui répondis-je avec l'accent d'une vive douleur, écoutez ce qu'on m'apprend, et dites-moi ce que vous feriez à ma place. — « Jeune homme, si » vous vous étiez plus empressé de » vous rendre à votre devoir, vous » auriez eu la consolation d'em- » brasser votre père et de lui de-

» mander votre pardon. Il n'est
» plus tems. Ce bon père, vivement
» affecté de votre ingratitude, vient
» de mourir en maudissant le jour
» qui vous a vu naître et en vous
» déshéritant. Il a légué une moitié
» de ses biens à l'hôpital des enfans-
» trouvés de Troye, et l'autre moi-
» tié à votre frère aîné, dont il n'a
» point eu à se plaindre comme de
» vous. Vous avez irrité de même
» vos deux oncles qui sont bien dis-
» posés à ne jamais rien faire en
» votre faveur. Ils sont instruits de
» la conduite scandaleuse que vous
» avez menée à Paris, de l'amour
» ridicule que vous avez conçu pour
» une fille perdue de réputation...

— Perdue de réputation !.. s'écrie
le capitaine en fureur. Quel est le
scélérat qui a osé écrire cette lettre ?
Dites-le moi, où est-il ? Ma sœur

traitée comme la dernière des créatures!... Achevez, achevez cette insolente lettre.

— Capitaine, vous m'avez exhorté au calme, au sang-froid....

L'honneur outragé n'écoute rien. Mille bombes! si ma sœur se fût déshonorée, ne l'aurais-je pas immolée de ma propre main? Ah! je punirai l'imposteur, le traître qui lui fait cette injure... Je le découvrirai, fut-il au fond de l'Océan! mais je ne vous en veux point, mon cher ami, vous avez fait votre devoir, vous vous êtes conduit en brave homme, et quelque malheur qui vous survienne, quelque soit la perte de la fortune à laquelle vous aviez droit de prétendre, vous n'en serez pas moins mon frère, mon ami... Ma colère ne retombera que sur le damné corsaire qui a eu

la témérité d'insulter mon pavillon.
Continuez donc. — Pour une fille
perdue de réputation.....

— « Et dont la moindre faute est
» d'avoir donné le jour à une mal-
» heureuse créature que les lois ré-
» pudient, et qui reprochera sa
» naissance à sa mère. »

— Corbleu ! voilà un effronté
coquin ! Vit-on jamais calomnier de
la sorte? — Le capitaine jure, tempête, jette feu et flamme, et moi,
par cette même raison, devenu plus
calme, en apparence du moins,
j'achève avec une fausse tranquillité la lettre de mon inconnu.

— « Jeune homme, malgré les
» torts dont vous vous êtes cou-
» vert aux yeux de votre famille,
» j'ai promis de ne pas vous aban-
» donner, et je tiendrai ma pa-
» role. Je connais les dangers de la
» misère, je sais à quel malheur, à

» quel crime même elle peut por-
» ter, j'aurai donc soin que vous
» en soyiez à l'abri, mais comme
» je suis vieux, comme le ciel peut
» d'un instant à l'autre me retirer
» sa lumière, comme, après moi,
» vous n'auriez plus de protecteur,
» d'ami, je vous engage à profiter
» du tems où j'ai encore la faculté
» de vous être utile, pour embras-
» ser un état solide et honnête qui
» vous mette un jour à même de
» n'avoir plus besoin de personne.
» Consultez vos moyens, vos for-
» ces, fixez-vous dans votre patrie,
» méritez-y l'estime de vos conci-
» toyens, et par une conduite digne
» d'exemple, appaisez l'ombre de
» de votre père, regagnez l'amitié
» de vos oncles, et loin d'être ja-
» loux du partage qui vient d'é-
» choir à votre frère, faites voir
» un désintéressement qui vous re-

» concilie avec tout le monde.
» Adieu, mon jeune ami, je serai
» loin lorsque vous recevrez cette
» lettre. Si dans votre position vous
» éprouviez quelque gêne, pré-
» sentez-vous chez monsieur Ri-
» bout, notaire à Fontainebleau
» même, montrez-lui ce papier, il
» vous remettra ce dont vous pour-
» riez avoir besoin. Ne cherchez
» point, surtout, à savoir qui je suis,
» ma protection cessera du moment
» que vous m'aurez connu. »

. . . . , . . .

— Eh bien! capitaine ?..... Quand
vous vous emporterez, à quoi
aboutira votre fureur ? Cette dernière phrase doit vous convaincre
que j'ignore moi-même de quelle
part me vient un avis aussi étrange.
Ah! au lieu de vous arrêter à des
propos suscités sans doute par des
êtres envieux du bonheur qui m'at-

tendait , occupez-vous plutôt du soin de me consoler, mon père est mort, et c'est mon ingratitude , ma désobéissance. . . . Ah ! capitaine ! quel reproche j'ai à me faire ! Me voilà brouillé avec toute ma famille , et je n'ai plus qu'une existence précaire. Comment sortir de l'affreux labyrinthe où je me vois ? —Quelques larmes que je versai en prononçant ces paroles , adoucirent tout-à-coup le ressentiment de mon futur beau-frère.—Vous avez raison, me dit-il, d'un ton d'attendrissement, j'ai eu tort de m'emporter, personne n'est à l'abri de la médisance, de la calomnie, encore moins un sexe timide à qui les hommes pervers supposent à peine quelque vertu. Votre sort me touche à présent, et dans cette occasion, je ne serai pas le moins généreux. Écoutez : voici le plan que j'imagine, s'il vous sourit, il ne tiendra qu'à vous de le suivre. Quant à moi, ma parole sera irrévocable, jamais le capitaine Rivardin n'a fait un faux serment. J'attends de vous la même confiance, la même franchise. La mort de votre père doit nécessairement reculer l'époque de votre mariage avec ma sœur, je n'aurai pas l'injustice d'exiger que vous serriez vos nœuds, avant que votre ame, en proie à la douleur, et à la tristesse, n'ait eu le tems d'écarter d'elle des souvenirs déchirans. Je sais qu'on se doit malgré soi à la société, qu'il y a des préjugés qu'on ne peut affronter impunément, et qu'enfin vous paraîtriez coupable à tous les yeux, si vous ne laissiez aucun intervalle entre la perte de l'auteur de vos jours, et l'union que nous avons tous à cœur de former.

Ce n'est pas que nous n'ayions eu beaucoup d'exemples de ce manque d'égard des enfans à la mémoire de leur père. Que de fils n'ont soupiré qu'après le terme de leur vie, pour jouir d'une liberté illimitée, pour se livrer sans réserve au gré de leurs passions, et dévorer plutôt leur patrimoine. Mais l'exemple d'un crime ne peut jamais servir d'excuse ni de prétexte, il vaut donc mieux respecter les préjugés qui ont pris *force de loi*, que d'empoisonner son bonheur par un reproche continuel, par une démarche qu'on regarde ensuite comme la cause de tous les accidens que l'avenir prépare. Vous êtes étonné, je le vois, d'entendre un grossier marin raisonner ainsi. Habitués à vivre au milieu d'une classe d'hommes qui n'ont aucune idée de ce qu'on appelle éducation, séquestrés

pour ainsi dire du monde entier,
nous formons nos habitudes, notre
langage, nos goûts sur ceux des in-
dividus qui nous entourent, mais
nous avons aussi notre bon côté.
Francs, loyaux, sincères, humains,
sensibles au moindre bienfait,
comme à la moindre injure, tels
nous paraissons, tels nous sommes,
quand nous rentrons dans la société. Pour en revenir à mon plan,
voici ce que je vous propose. Des
affaires d'intérêts m'obligent à retourner sous peu de tems à l'Orient.
Il ne s'agit rien moins que de par-
tager plusieurs prises que j'y ai ame-
nées dans le cours de l'année dernière. Je ferai partir ma sœur avec
moi, elle vivra sous mes yeux, car
je ne compte guères me rembar-
quer avant six mois. A cette époque, vous aurez arrangé vos affaires, vous serez racommodé avec
votre famille, votre deuil sera expi

ré , vous viendrez nous rejoindre à l'Orient avec tout ce que vous aurez pu recueillir des débris de votre fortune , ou des bienfaits de vos oncles; de mon côté , j'aurai pourvu à l'établissement de ma sœur. La part qui doit me revenir du butin me mettra à même de lui faire tous les avantages qu'elle pourra desirer , rien alors ne s'opposera à votre mariage , et si vous croyez un jour me devoir quelque reconnaissance , acquittez-vous envers moi, en rendant votre épouse heureuse. Benedicte m'est chère , mon père en mourant me l'a recommandée, j'ai juré de remplir ses dernières intentions , et je n'abandonnerai cette bonne sœur, que lorsqu'un boulet m'aura emporté de la poupe de mon vaisseau.

Pour toute réponse , je me jettai dans les bras du capitaine , je l'embrassai, je pleurai, mais il ne me laissa pas long-tems verser des larmes. — Allons, reprit-il vivement, du courage, surmontons tous les obstacles, marchons contre vents et marée. Faites vos adieux à votre future, et partez. Pour nous, dans cinq jours, nous serons loin de Fontainebleau. Nous en partirons aussi dès la première lettre que nous aurons reçue de vous.

Madame Rivardin qui parut en ce moment, mit fin à notre entretien, le capitaine lui demanda, s'il était possible de parler à sa sœur. — Elle se trouve beaucoup mieux, répondit la vieille. — Dites-lui que monsieur Hubert va partir et desirerait lui faire ses adieux. — Je vais voir, monsieur, si elle est en état de le recevoir. — Et elle rentra dans la chambre de mademoiselle Benedicte. Je profitai encore de cet

instant pour témoigner au capitaine le soupçon que m'avait fait
naître la manière sévère avec laquelle il parlait à sa mère. — Vous
ne vous trompez point, me répondit-il, cette femme n'est que dépositaire de ma confiance, lorsque je
partis de Paris, il y a cinq ans,
pour faire le tour du monde, ma
sœur était déjà orpheline. Je l'aurais mise au couvent, si mille affreux exemples de filles perdues
dans ces sortes de retraites ne me
les eussent fait prendre en aversion.
Des personnes respectables m'indi-
quèrent cette femme citée alors
pour la sévérité de ses mœurs et de
ses principes. Je lui confiai ma jeune
sœur, sous la condition que, pour
ne donner matière ni à la méchan-
ceté, ni à la médisance, en lui servant de mère, elle en prendrait le
nom. Je dois vous avouer mainte-

nant qu'elle a parfaitement rempli mon attente , car c'est par elle que j'ai su l'inclination que ma sœur avait pour vous, et la manière adroite qu'elle avait employée pour tromper sa surveillance. Mais encore une fois, ne revenons plus sur ces détails , oublions le passé et ne songeons qu'à éviter les malheurs de l'avenir. — La gouvernante de mademoiselle Benedicte (je ne dois plus l'appeller sa mère) revint, en nous disant que nous pouvions entrer, et en nous priant de ménager la sensibilité de sa fille , encore vivement affectée. Nous entrâmes ; mademoiselle Benedite , assise dans un fauteuil , se leva , en nous voyant. Je la conjurai de se rasseoir et de croire que je n'avais aucunement l'intention de troubler son repos. Des larmes inondèrent son visage triste et abattu. Je pris une de ses mains que je mouillai moi-même de mes pleurs, et craignant que ma présence ne lui causât encore une trop vive émotion, je me hâtai de l'assurer de mon respect, de mon amour, du regret que j'avais de m'éloigner d'elle, des efforts que je ferais pour rendre mon absence la moins longue possible, et enfin, du desir que j'avais de contribuer à son bonheur, de mériter ses bontés et de répondre dignement à la conduite franche, loyale, et généreuse de son frère. — Le seul gage, ajoutai-je, que j'exige de votre amitié, c'est de permettre que je presse cette main contre mes lèvres. Me le permettez-vous, mademoiselle? Répétai-je avec l'accent d'une véritable tendresse.

Mademoiselle Benedicte détournant la tête et ne retirant point sa

main, je pris son silence pour une
permission. Hélas! sans m'appercevoir qu'elle était prête à s'éva-
nouir une seconde fois, je pro-
nonçai le mot, *adieu*, en appuyant
ma bouche sur sa main tremblante,
et je m'éloignai à l'instant même,
le cœur serré et les yeux pleins de
larmes.

CHAPITRE XV.

A la sixième poste.

Quoique le jour fût avancé, je préparai tout pour mon départ, j'allai à la poste retenir des chevaux et une chaise, car je n'étais plus tenté de reprendre la patache, mais cette manière de voyager était aussi beaucoup plus dispendieuse, et ma bourse n'était plus assez garnie pour suffire à tous les frais. Je me présentai chez monsieur Ribout, ainsi que me le conseillait la lettre de l'inconnu qui s'intéressait à moi, et je lui montrai l'avertissement que j'avais reçu. — Je reconnais l'écriture, me dit-il sur-le-champ, c'est de l'argent que vous voulez, n'est-il pas vrai ; jeune homme? de quelle somme avez-vous besoin? — Je me contenterais de vingt-cinq louis. — Faites-moi un *récépissé*, je vais vous les compter. — Comme l'inconnu me prévenait que sa protection me serait retirée du moment que je le connaîtrais, je me gardai bien de faire la moindre question à monsieur Ribout, il fut très-discret de son côté, si bien qu'après avoir touché ce que j'avais demandé, je me séparai de lui aussi instruit que je l'étais auparavant, mais bien convaincu du moins que le vieux quaker était l'ange-gardien qui m'avait déjà sauvé de tant de circonstances embarrassantes. Je retournai à la poste, les chevaux étaient prêts, le capitaine avait fait hâter lui-même les postillons, et m'attendait pour m'embarquer dans ma chaise, je ne quittai point cet homme inexplicable, sans une bien grande émotion, nous nous embrassâmes comme deux véritables frères, il me força à accepter une paire de pistolets qui lui venait d'une prise anglaise, et comme je n'avais rien à lui offrir en échange, il me montra ma promesse de mariage, qu'il regardait, disait-il, comme sacrée, et qui lui suffisait pour me rappeler continuellement à son souvenir. Le soleil avait déjà passé l'horison, lorsque je montai en voiture; mais le ciel, dégagé de nuages, me présageait une nuit superbe, mon cœur seul éprouvait une tourmente orageuse, je quittai Fontainebleau, l'esprit rempli de mille idées confuses, de mille pensées accablantes, et ne sachant sur quel objet se reposer. Qu'on juge en effet, de ma position! Je retournais dans une ville où la mort de mon père, la haine de mes parens, tout allait me reprocher mes imprudences. Je laissais dans une autre, une femme adorable, adorée, passionnément éprise de moi , (toutes les apparences devaient au moins me forcer à le croire.) je venais de lier pour ainsi dire ma destinée à la sienne, par un acte que l'honneur ne pouvait plus me permettre de dissoudre. Toutes mes espérances de fortune étaient évanouies, un frère dont j'ignorais l'existence me soufflait tout-à-coup ma succession. Un seul homme me promettait son appui, et cet appui devait cesser à l'instant où je tenterais de déchirer le voile mystérieux qui l'entourait. Quel conflit d'événemens! j'avais lieu de m'attendre à un choc terrible. Il arriva ce choc qui dessilla mes yeux, mais sans anticiper sur l'avenir, suivons l'ordre des choses qui ont amené le moment où j'ai vu enfin dissiper mes erreurs. — Je fis cinq postes sans le moindre accident, c'était beaucoup pour un héros de roman qui voyage seul au milieu de la nuit. J'aurais dû, à l'exemple de mes prédécesseurs, être attaqué par des brigands qui m'auraient entraîné dans leurs cavernes et m'auraient fait voir mille fois l'approche de la mort, ou bien être au moins surpris par un orage furieux qui m'aurait empêché de continuer ma route, et m'aurait forcé de frapper à la porte de quelque chaumière isolée, où j'aurais trouvé l'hospitalité, où une jeune villageoise bien sensible, bien innocente aurait allumé des sarmens pour sécher mes habits, et préparé un repas frugal pour ap-

paiser ma soif et mon appétit,
j'étais étonné jusques-là que monsieur Pascal Hubert, sujet aux
grandes aventures et disposé à
écrire un jour son histoire n'eût pas
encore rencontré de quoi lui fournir
la matière d'un long et terrible
épisode; à la sixième poste, je ne
fus plus étonné du tout ; ce qui
produit souvent le même effet
qu'une *attaque de brigands* ou
un *orage furieux* arriva. Une
roue de ma chaise se rompit et la
chaise fut culbutée, et je fus culbuté
avec la chaise et la détente d'un de
mes pistolets s'étant lâchée, le pis-
tolet partit, ce qui ne contribua
point peu à augmenter mon effroi ;
et les chevaux effrayés comme moi
se cabrèrent, s'embarrassèrent dans
leurs traits. Un d'eux s'abattit, et le
postillon débusqué de ses grosses
bottes, alla tomber à six pas de son

porteur. Mes cris, ceux du postillon, les hennissemens des chevaux retentirent dans les airs et furent répétés au loin par les échos nocturnes, et notre embarras eut été indescriptif, si comme cela arrive presque toujours, une seconde chaise de poste qui nous suivait à quelque distance, ne fut venue promptement à notre secours. Heureusement qu'un chirurgien m'était inutile, je n'avais point de bras cassé, et en me dépétrant de ma cage, je me voyais quitte de ma chûte pour la peur et quelques contusions à la tête. Heureusement aussi le postillon n'avait que la cuisse gauche froissée , le cheval abattu n'avait que le poitrail écorché , enfin en acceptant l'offre qui m'était faite par le jeune voyageur survenu dans la seconde chaise , je pouvais continuer mon chemin,

chemin, comme s'il ne nous fut
arrivé aucune catastrophe. Ce dernier parti était celui qui s'arrangeait
le mieux avec le desir que j'avais
d'être rendu à Troye le lendemain,
je donnai donc au postillon un
pour-boire qui le dédomageait de
sa froissure, je retirai des débris de
ma chaise de louage mon petit
porte-manteau et mes pistolets, et
remerciant la providence du secours qu'elle m'avait envoyé, ainsi
que l'étranger qui me l'avait offert,
je m'abandonnai à l'une et je me pla-
çai à côté de l'autre : il était de mon
devoir de faire connaître au dernier
à quelle personne il rendait un
service aussi essentiel. J'amenai la
conversation sur ce chapitre, je
l'amenai par un soupir qui devait
lui décéler la tristesse de mon âme
et exciter sa curiosité, en l'intéres-
sant à mon sort. — Vous souffrez

peut-être de votre chûte, me dit-il, monsieur, n'êtes vous point blessé?

— Non, monsieur, lui répondis-je, en exhalant un soupir plus profond que le premier.

— Vous avez donc quelques peines morales?

—Oui, monsieur, je pense que je retourne à Troye dans une position bien différente de celle où j'étais lorsque j'en suis parti.

— Vous n'êtes pas aussi heureux?

— Heureux!... Mon père vivait, lorsque je l'ai quitté...

— Vous venez de le perdre?

— Vous pouvez en juger par la douleur que je ressens.

—Pardonnez mon indiscrétion, je ne pensais pas qu'elle dût vous coûter des larmes (je pleurais en effet, et la clarté de la lune pénétrant dans notre voiture, laissait appercevoir mes pleurs à l'étranger, qui ne me paraissait pas plus gai que moi.) Je suis charmé, continua-t-il, que le hazard m'ait fait vous rencontrer, quoique fâché d'ailleurs de devoir à un accident l'occasion de lier connaissance avec vous. Je suis même étonné du rapprochement qui existe entre nous deux. Hélas ! nous avons l'un et l'autre le même sujet de chagrin. Vous avez perdu votre père, le mien vient de finir ses jours ; votre père était bon, vous l'aimiez, puisque vous le regrettez tant.

— Ah monsieur ! quand j'aurais à me plaindre de ses rigueurs, de ses injustices, serais-je assez dénaturé, pour outrager sa mémoire ? Mais non, il m'a toujours comblé de bienfaits, il n'a cédé qu'avec trop de faiblesse à mes volontés, à mes caprices, et ce qui jette le désespoir dans mon âme, c'est que la personne qui m'a appris sa mort, a eu la cruauté de m'accuser, d'en rejetter la cause sur ma désobéissance et mon ingratitude. Faute d'expérience, j'ai été égaré, entraîné dans des précipices, mais je prends le ciel à témoin que jamais je n'eus l'intention d'offenser mon père; éloigné de moi, il n'a pu s'assurer des véritables causes qui m'ont forcé à lui désobéir, le séjour de Paris m'a été bien funeste !

— Vous venez donc de Paris, monsieur ?

— Oui, monsieur, j'ai quitté cette ville, il y a quatre jours, avec la ferme résolution de n'y jamais remettre le pied. Des raisons particulières m'ont obligé à séjourner depuis ce tems à Fontainebleau et je retourne à Troye....

— Vous allez à Troye !

— Oui, monsieur.

— C'est aussi là ma destination !...

— Troye est mon pays natal. Je ne m'en étais éloigné que momentanément, pour voyager en France, et acquérir ces connaissances dont un jeune homme a besoin pour tenir sa place dans la société. Hélas ! je les ai acquises ces connaissances, je me suis instruit, mais trop à mes dépens. Je suis parti de Troye, aimé et chéri de mon père, j'y retourne avec sa malédiction qui a fait rejaillir sur moi la haine de mes autres parens. Voilà ma position, monsieur, mon père vient de mourir en me maudissant, en me déshéritant.

— Je conçois votre douleur, j'ai éprouvé votre infortune, avec cette différence (et c'est au moins une consolation) que mon père, en terminant sa vie, ne m'a point accablé ainsi du poids de sa colère.

— Sa fortune est ce que je regrette le moins.

— Celle que je vais recueillir ne me dédommagera jamais de la perte que j'ai faite. Monsieur, votre confiance mérite la mienne. Je ne sais quel sentiment secret me rapproche de vous, je ne puis vous expliquer le desir que j'éprouve de devenir votre ami; si ma demande n'était point indiscrète, je solliciterais la faveur d'achever ma route avec vous.

— Il me semble que c'est moi qui devrais vous prier de m'accorder cette grace.

— Nous nous sommes donc devinés ; ne nous séparons point avant le terme de notre voyage, car si, arrivés à notre destination, nous étions parvenus à nous inspirer ce dégré d'affection et de confiance qui forme l'amitié, qui sait alors le besoin que nous pourrions avoir l'un de l'autre. Pour moi, dès ce moment je vous offre tous mes services, la succession que je vais recueillir me mettra à même de connaître les gens de loi les plus éclairés, vous savez que dans ces sortes d'occasions, il survient souvent des obstacles, des embarras auxquels on ne s'attend point, ce sont des collatéraux qui se présentent, des créanciers qui forment opposition, des rentes viagères à rembourser, mille choses qui obstruent la marche des affaires et nécessitent un conseil. Si vous pensez que les dernières dispositions de votre père soyent injustes à votre égard, vous ferez un exposé de vos prétentions, je le soumettrai aux jurisconsultes entre les mains desquels je vais déposer moi-même mes intérêts, et ils feront parler les lois en faveur des fils légitimes dépouillés de leur héritage. — Je vous remercie bien sincérement, monsieur, des services que vous m'offrez, j'avoue, que malgré l'indifférence avec laquelle j'ai regardé jusqu'ici la perte de mes espérances, ce secours me serait d'autant plus utile qu'un engagement sacré me lie à une personne que j'aime, et qu'en contractant authentiquement la promesse de l'épouser, j'ai contracté aussi celle de la rendre heureuse.

— En vérité, vous augmentez ma surprise à mesure que vous me découvrez votre situation. Tant de ressemblance !.. J'aime aussi... une personne charmante, douce, bonne, sensible !... Malheureuse ! ah par ma faute. C'est un reproche que j'ai à me faire : des étourderies, des inconséquences.... la jeunesse a souvent

bien des torts, mais je réparerai
tout, j'arracherai mon amie au pouvoir tyrannique de celui qui rem-
place si mal auprès d'elle les parens
que la mort lui a enlevés. Elle sera
mon épouse, aussitôt que j'aurai
rempli tous les devoirs dûs à la mémoire de mon père. Si vous saviez
d'ailleurs quels droit cette femme
intéressante a sur mon cœur; ce
n'est point une simple promesse
qui m'associe à sa destinée, qui me
contraindra à lui donner ma main.
J'ai usé de l'empire absolu que
j'avais sur son ame, son amour, ma
tendresse...Le ciel enfin a permis
qu'elle devînt...

Ici notre voiture s'arrêta tout-à-
coup, l'inconnu s'interrompit pour
payer la poste, on changea de chevaux, et au bout de cinq minutes la
chaise roula de nouveau. Je priai

mon compagnon de me raconter plus amplement son histoire, ce qu'il fit, en m'avouant qu'il avait un besoin extrême de s'épancher dans le sein d'un ami.

CHAPITRE XVI.

C'est lui !

—MONSIEUR, j'ai existé quinze ans sans avoir le bonheur de connaître les auteurs de mes jours, sans savoir même en quels lieux j'avais pris naissance. Je vous laisse à penser combien ce mystère a dû répandre d'amertume sur ma vie, lorsque j'eus acquis le premier âge de la raison. A peine sorti de l'enfance, je fus mis en pension au collège d'Harcourt, où rien ne fut négligé pour mon éducation ; mes progrès répondirent aux soins de mes professeurs ; la musique, le dessin, la danse, les armes, les langues anciennes et modernes, j'appris tout avec une facilité qui les

étonnait et qui me gagna particulièrement l'amitié du *procureur*
pour lequel je me sentais moi-même
l'affection d'un fils pour un tendre
père ; mais lorsqu'enseveli dans
mes réflexions taciturnes, lorsque
cherchant à déchirer le voile qui
entourait mon existence , je de-
mandais à cet homme respectable
à qui j'étais redevable des bontés
qu'on me prodiguait, il me ré-
pondait toujours qu'il n'était pas
mieux instruit que moi, qu'il ne
pouvait rien me dire , sinon , que
la personne qui m'avait placé dans
la maison , et qu'il n'avait jamais
revue depuis, l'avait rendu dépositaire d'une somme assez considérable pour subvenir aux frais de
mon entretien et de mon éducation ,
jusqu'à ce que je fusse en état d'occuper un rang dans la société et d'y
faire valoir les talens que je possé-

derais. — Mon cher Eugene , ajou-
tait-il. (Eugene était le seul nom
dont on m'appellait dans le collège)
« ne cherchez point à pénétrer un
» secret auquel tient peut-être la
» vie de ceux qui vous ont donné le
» jour. Respectez leurs décrets ,
» puisque leur repos paraît en dé-
» pendre. Travaillez , achevez vos
» études aussi courageusement que
» vous les avez commencées , vous
» n'avez point à rougir de votre nais-
» sance aux yeux de vos camarades ,
» tous vous croyent orphelin et ont
» pour vous les égards qu'on doit à
» un orphelin ; continuez à mériter
» leur amitié et la mienne , résignez-
» vous aux loix , cruelles , il est vrai ,
» qu'on vous impose , le ciel vous
» récompensera de votre obéis-
» sance , de votre soumission , et
» vous dédommagera , soyez - en
» certain , des peines secrettes que

» vous éprouvez maintenant. »
— Malgré les consolations du procureur, je versais une abondance
de larmes, toutes les fois que je me
voyais seul; et à mesure que la raison
faisait des progrès dans mon esprit,
je devenais plus mélancolique, plus
sombre et rêveur; je me renfer-
mais dans ma chambre aux heures
de récréation, et continuellement
tourmenté par le desir de dévoiler
le secret qui pesait sur mon cœur,
je séchais comme une jeune plante,
sans appui, sans ombre, au milieu
d'un terrein brûlé par le soleil. Cet
état de contraction ne m'empêchait
pas cependant de suivre le cours
de mes travaux, au contraire, péné-
tré de l'idée qu'en remplissant bien
mes devoirs, j'intéresserais à mon
sort ceux qui étaient les maîtres de
ma destinée, je ne m'y adonnais
qu'avec plus de zèle et d'ardeur;

mais cette application forcée et le
chagrin qui me minait sourdement
attérèrent bientôt toutes mes fa-
cultés physiques et morales. Je
tombai si dangereusement malade
qu'on désespéra un moment de ma
vie. Les médecins qui ignoraient la
cause du mal, au lieu d'y apporter
remède, ne firent que l'augmenter.
Hélas ! mon salut était entre les
mains du procureur, lui seul pouvait
hâter ma guérison, sa sensibilité
ne put tenir à une aussi forte
épreuve, il promit tout pour rappeler ma raison et calmer mes esprits, l'espérance me rendit en peu
de tems la santé et lorsque je fus
parfaitement rétabli, je sommai
monsieur le procureur de tenir sa
parole.— « Oui, je la tiendrai, je puis
» la tenir maintenant, me répon-
» dit-il, en m'embrassant, mais pro-
» mettez-moi aussi de vous sou-

» mettre aux moyens de prudence
» qu'on m'a ordonné d'employer,
» pour satisfaire votre curiosité et
» votre tendresse. Cher Eugene, il
» fallait que votre vie fût en dan-
» ger, pour que votre mère con-
» sentît à vous voir....Ne l'accusez
» point....Elle vous aime, elle vous
» chérit, elle est malheureuse de ne
» point oser vous nommer publi-
» quement son fils. Il est des pré-
» jugés, mon ami, que vous n'êtes
» pas encore à portée de connaître,
» d'apprécier, et qui sont une source
« de chagrins éternels pour les
» êtres trop sensibles qui ont eu la
» faiblesse de s'en écarter. La ré-
» putation d'une femme est comme
» un épis de bled, toujours chan-
» celant sur sa tige, toujours exposé
» à être abattu par le vent ou par
» la main indiscrette de quelque
» voyageur ; quand vous serez plus

» avancé en âge, vous sentirez
» mieux la conséquence de cette
» importante vérité, ce qu'il est es-
» sentiel que vous sachiez mainte-
» nant, c'est que votre mère tient
» à une famille puissante, c'est que
» son honneur, son repos, sa ré-
» putation la contraignent encore à
» cacher les liens secrets qui l'u-
» nissent à votre père; c'est qu'enfin
» elle ne vous accorde la permission
» de paraître devant elle, qu'à la
» condition expresse, que vous ne
» l'interrogerez point, que vous ne
» chercherez point à savoir son
» nom, que vous serez maître de
» vos transports, de vos sentimens,
» et que vous ne l'appellerez pas
» autrement que *madame*. Cette
» condition est cruelle, mais né-
» cessaire, les ménagemens qu'elle
» a à garder lui coûteront autant
» qu'à vous, ils sont indispensables,

» donnez-moi votre parole de ne
» point les violer, et ce soir je vous
» conduirai moi-même auprès de
» celle que vous avez tant à cœur
» de connaître. » — J'avais trop
d'impatience pour ne pas promettre
au procureur tout ce qu'il exigeait
de moi. — Tenez-vous donc prêt
pour six heures, une voiture viendra
nous prendre et nous partirons ensemble. — Je m'occupai jusqu'à
l'heure indiquée à réunir les meil-
leurs ouvrages que j'avais faits, tels
que des dessins, des sonates de ma
composition, des morceaux traduits
des plus célèbres auteurs anglais et
espagnols, ainsi que les prix et les
couronnes que j'avais gagnés dans
mes différentes classes; mon projet
étant d'en offrir l'hommage à ma
mère, pour lui prouver le fruit que
j'avais retiré des soins de mes professeurs et lui donner en même tems

une opinion un peu avantageuse de
ma personne. La nuit arriva, l'hor-
loge du collège sonna six heures.
Quand ce tintement eut été le signal
de ma mort, je n'eusse pas éprouvé
une plus grande commotion. Elle
fut telle que j'étais absolument sans
connaissance, lorsque monsieur le
procureur vint me chercher dans
ma chambre, et qu'il eut toutes les
peines du monde pour me rappeler
à la vie. Je ressemblais à un criminel
prêt à être conduit au supplice,
était-ce la crainte, était-ce la joie
qui m'avait réduit à cet état, je ne
pouvais pas me rendre compte à
moi-même du sentiment qui m'agi-
tait. — Partons, me dit le procureur, la voiture nous attend. Partons. — Ce mot me fit tressaillir de
nouveau ; cependant je fus plus
maître de mon trouble, je m'armai
de courage et après m'être muni

de mes bonnes attestations, je montai en voiture avec mon respectable guide. Je connaissais fort peu Paris, mes promenades s'étant toujours bornées au bois de Vincennes ou au jardin des Plantes; on pouvait donc me mener partout, sans que je susse où j'allais, et quand j'aurais voulu faire quelques remarques, la nuit seule eût dérouté mes observations. Malgré cela, on crut devoir user de précaution; la voiture roula pendant deux heures au moins avant d'arriver à l'hôtel où nous descendîmes. Un vieux domestique, dont l'habit était *galonné*, vint au-devant de nous et nous pria de le suivre. Nous montâmes plusieurs petits escaliers dérobés, nous traversâmes de longs corridors, et enfin notre conducteur nous fit entrer dans un cabinet richement décoré, mais éclairé faiblement. — Restez ici , me dit le procureur à voix basse et fermant sans bruit les verroux de la porte par laquelle on venait de nous introduire. — Se retournant ensuite vers une autre porte, il l'ouvrit avec la même précaution , en me recommandant encore de tenir ma parole, et de mettre la plus grande circonspection dans les questions ou les réponses que j'allais faire. Je vais, ajouta-t-il , prévenir madame que vous l'attendez. — Et il disparut. — Me voilà seul! quelle foule de réflexions devait se présenter en ce moment à mon esprit ! Je n'en fis aucune, parce que j'en voulais trop faire à la fois. Je promenai mes regards étonnés sur les différens objets qui paraient le cabinet où l'on m'avait amené avec tant de mystère, et je ressentis une joie soudaine , un plaisir mêlé d'amertume, en ap·

percevant au-dessus d'un canapé le portrait en grand d'une jeune femme vêtue à la créole. Je demeurai en extase devant ce tableau. J'y fixai mes yeux mouillés de larmes. Mon cœur prévenu par une douce illusion crut y démêler des traits avec lesquels les miens avaient de la ressemblance. — O ma mère ! Est-ce toi? m'écriai-je dans le délire qui me transportait, est-ce bien là ton image! Oui, tes yeux me parlent, ta bouche me sourit! Vois mon trouble, mes pleurs, mon amour... Ma mère!... à ce mot, je précipite mes lèvres brûlantes sur la toile glacée, je presse, en l'embrassant, la bordure qui l'entoure. J'entends tout-à-coup un bruit semblable à celui d'un ressort qui se détent, je recule effrayé, le cadre s'ouvre et me laisse appercevoir un second tableau. La surprise , la crainte jettent d'abord un voile sur mes yeux, la curiosité les dessile, j'examine, je cherche à saisir ce que le peintre a voulu exprimer. — Sur un sol planté de badaniers, de tamarins et d'aloës, borné d'un côté par la mer et de l'autre par l'extérieur d'une riche habitation, était une jeune personne (parfaitement ressemblante au premier portrait) qui se défendait avec peine contre les violences de trois nègres. Un jeune homme arrivé à son secours, l'arrachait des bras meurtriers de ses assaillans, et de l'espèce de massue dont il avait armé sa main, il frappait les monstres qui couverts de sang, semblaient déjà demander grace. — Ce tableau cachait donc quelque mystère ? pourquoi, ne représentant qu'un trait d'héroïsme, qu'un acte de courage, n'était-il point exposé, comme l'autre, à tous

les regards ? quel intérêt avait-on
de dérober ainsi un exemple fait
pour inspirer la vertu et l'amour de
l'humanité? Je cherchais à me rendre
compte de ce que je voyais sans
songer que je pouvais être surpris,
et que mon indiscrétion trahissait
déjà la promesse que j'avais donnée
au procureur, lorsque ce dernier
revint accompagné d'une dame,
dont la demarche était aussi noble
que la figure. Je me sentis pétrifié
à leur aspect. Le procureur s'ap-
percevant le premier de la faute
que je venais de faire, m'en témoi-
gna son mécontentement par un
geste ; je balbutiai quelques mots
pour m'excuser, la dame aussi émue
que moi, en balbutia quelques
autres pour m'engager à me remettre de mon trouble, je repris un
peu de courage et je lui expliquai
franchement par quel hazard le tableau

bleau s'était découvert à mes yeux.

— Madame, ajoutai-je, d'une voix qui décélait assez l'agitation de mon cœur, si vous connaissez ma position et les motifs pour lesquels j'ai prié monsieur le procureur de m'amener ici, vous pardonnerez sans doute le mouvement qui m'a transporté à la vue de ce portrait.

— Monsieur, répondit la dame avec une douceur qui annonçait mon pardon, et en s'efforçant d'arrêter les larmes qui mouillaient sa paupière, je connais les tourmens qui, depuis long-tems, déchirent en secret votre ame sensible et délicate ; je conçois que vous n'ayiez pas été le maître d'un mouvement... trop naturel, pour qu'il vous rende coupable à mes yeux. Votre cœur ne s'était point trompé ; ce portrait, qui a causé son émotion, est en effet celui d'un être... bien plus malheureux !... bien plus coupable que vous !...

— Madame, voyez mes pleurs... mon égarement, mon désespoir ; rassurez mon cœur, fixez mes idées, dites-moi si...

— Eugène ! interrompit brusquement le procureur, qui ne cessait point de m'observer, souvenez-vous de ce que vous m'avez promis.

— Ah monsieur ! vous glacez mon ame ; un froid mortel... ne puis-je donc apprendre seulement si cette image est celle d'une mère que je chéris, que je respecte, que j'adore ?...

— Oui, monsieur, reprit la dame avec un sang-froid affecté ; pourquoi vous en ferais-je un mystère, je vous ai dit déjà que votre cœur ne s'était point trompé. Regardez, contemplez ce portrait, telle était votre mère, il y a quinze ans...

— Vous l'avez… connue… madame?... vous lui fûtes…. sans doute
bien attachée… puisque…

— D'après ce que je viens de vous
révéler, ne formez point des conjectures… que le tems seul… la
mort peut-être…

— Madame ! quel mot affreux
prononcez-vous ?

— Il n'y a que la mort qui puisse
mettre un terme aux souffrances
de votre malheureuse mère, puisqu'une barrière éternelle doit exis-
ter entre elle et l'être infortuné à
qui elle a donné le jour.

— Ah madame ! si ma vie est la
cause de ses peines, si elle lui coûte
une seule larme, un seul soupir,
dites-le-moi, je suis prêt à la lui
sacrifier, à m'immoler moi-même
à son repos, à son bonheur.

— Non… monsieur, vous dé-
chirez mon ame.

— La mienne est accablée du plus violent désespoir, vous ne savez point à quelle extrémité elle est capable de se porter. Que ferai-je dans ce monde, si j'y suis condamné à l'oubli, à l'abandon ? je vous le demande à vous, madame, à vous que je n'ose nommer, à vous qu'un ordre impitoyable m'empêche d'appeller ma...

— Monsieur, ne vous méprenez point, je ne suis que l'amie de votre mère... je ne suis que l'interprête de ses sentimens, de ses volontés, et je n'ai consenti moi-même à cette entrevue que pour vous offrir des consolations.

— Des consolations !... qui augmentent le mal affreux dont je suis dévoré.

— Ecoutez le langage de l'amitié.

— Celui de mon cœur l'emporte !

— Votre raison…

— C'est vous qui l'avez égarée.

— Vos sermens…

— M'enchaînent cruellement ! Voyez ce que je souffre !

— Espérez au moins…

— Non, vous m'avez vous-même arraché l'espoir.

—Le tems… les circonstances…

— Je mourrai !… je mourrai à vos pieds !

— Mon fils !…

— Ma mère ! — Ce cri est le dernier que laisse échapper ma douleur ; je tombe anéanti, inanimé. Sans doute on profita de ce moment pour me transporter dans la voiture qui m'avait amené, et me reconduire au collège d'Harcourt ; car en recouvrant l'usage de mes sens, je me trouvai dans mon lit le lendemain, et je ne me rappellai que comme un songe tout ce qui s'était passé dans l'entrevue que j'avais eue avec la femme cruelle qui m'avait refusé la douceur de lui donner le nom de ma mère. A mesure que ma raison revint, mon esprit s'en retraça toutes les circonstances. Je ne sais si je n'éprouvai pas alors plus d'indignation que de douleur. Peu instruit sur les préjugés barbares dont m'avait parlé le procureur, je n'imaginais pas qu'il existât une loi dans la nature qui défendît à une mère de reconnaître, d'aimer, de protéger l'être innocent qu'elle avait porté dans son sein. Mon malheur n'était pas encore à son comble. Hélas ! à l'instant même où j'accusais celle à qui je devais le jour, où mon cœur se révoltait contre sa froide pitié, contre son silence et la rigueur atroce de ses ordres, ma mère ... écoutez, écoutez, monsieur, voici la lettre qui

me fut remise par le procureur
même, deux jours après la scène
dont je viens de vous faire le tou-
chant tableau.

— » Mon fils, mon cher fils ! je
» ne crains plus de vous donner ce
» nom ... Le froid de la mort se
» glisse dans mes veines, ma pau-
» pière est appesantie, mon cœur
» bat à peine, son dernier soupir
» sera pour vous. Je vais quitter le
» monde entier ; le monde entier
» peut apprendre maintenant ce
» secret terrible qui a fait si long-
» tems votre malheur et le mien. Je
» puis lui dévoiler mes fautes, ma
» faiblesse, mes torts envers vous,
» certaine qu'il me plaindra, qu'il
» gémira sur mon sort, et qu'un
» jour il parviendra à détruire ces
» préjugés monstrueux qui inter-
» vertissent l'ordre de la nature, ces
» lois injustes qui établissent une

» différence entre les hommes ; et
» enfin, ce faux point d'honneur
» que l'on colore du nom de devoir.
» — Née dans un pays moins policé
» que l'Europe, dans les climats
» brûlans de l'Amérique méridio-
» nale, sur un sol où la nature
» jouit encore de ses premiers
» droits, aurais-je dû m'attendre,
» lorsque la reconnaissance força
» mon cœur à l'amour, aurais-je
» dû m'attendre que je deviendrais
» un jour victime de ces mêmes
» préjugés, et que mes propres pa-
» rens seraient mes persécuteurs.
» Mon père, renommé par son an-
» tique noblesse, autant que par
» les exploits dont il venait de se
» signaler dans la dernière guerre,
» fut nommé, en 1762, gouver-
» neur de l'île S...... c'est là qu'en se
» reposant des fatigues des com-
» bats, il s'occupa lui-même de

» perfectionnner mon éducation.
» Un général peut briller dans les
» camps et s'entendre fort mal à
» élever une jeune fille. Le carac-
» tère dur, impérieux de mon père,
» produisit sur mon esprit des ef-
» fets différens de ceux qu'il atten-
» dait de ses soins ; sa sévérité
» étouffa dans mon cœur le germe
» de sensibilité que la nature y avait
» placé : je dois enfin l'avouer, il
» me contraignit plutôt au respect
» qu'à l'amour. O mon père ! par-
» donnez-moi cet aveu ! Je parle à
» un fils qui m'accuse, qui me mau-
» dit peut-être.... cependant je
» souffrais de ne pouvoir prodiguer
» mes caresses à l'auteur de mes
» jours. Mon esprit devenait som-
» bre, mélancolique, je cherchais
» la solitude ; et pour me livrer plus
» facilement à mes tristes rêveries,
» j'allais souvent me promener sur

» les bords de la mer, fuyant sur-
» tout le côté où la vue des vais-
» seaux pouvait m'offrir des objets
» de dissipation. La prudence ne
» dirigeant pas toujours mes pas,
» la nuit me surprenait quelquefois
» dans ces courses lointaines, et il
» arrivait quelquefois aussi que j'a-
» vais de la peine à retrouver ma
» route ; mais je m'exposais, comme
» vous allez le voir, à bien d'autres
» dangers. Un soir que j'étais à plus
» d'un mille du château, et que mes
» réflexions allaient m'entraîner en-
» core au-delà, j'entendis le canon
» du port annoncer la retraite ; je
» m'arrêtai tout-à-coup, effrayée de
» mon imprudence, et je me re-
» tournai pour revenir sur mes
» pas. Que vis-je ? trois nègres dé-
» serteurs accourant vers moi, et
» m'ordonnant, avec des menaces,
» de leur donner tous mes bijoux

» et l'argent que je possédais. La
» crainte, heureusement, ne m'ôta
» point mes forces, ma présence
» d'esprit ; je détachai prompte-
» ment les anneaux de mes oreilles,
» j'y joignis ma bourse, et en leur
» obéissant, je les priai, les larmes
» aux yeux, de me laisser retourner
» au château. — Au château ! s'écria
» l'un de ces forcénés, toi fille du
» gouverneur, toi payer tout ce
» que maître fait souffrir à nous !
» — Et en même-tems leur bruta-
» lité, leur rage s'apprêtèrent à
» s'exercer sur moi. J'invoquai le
» ciel !... je remplis l'air de mes
» cris, le ciel m'exauça, mes cris
» furent entendus. Un jeune marin,
» un simple mousse parut, fondit
» sur les assaillans, en terrassa deux,
» mit le troisième en fuite, et, m'en-
» levant dans ses bras, me trans-
» porta mourante, inanimée, dans

» l'habitation la plus voisine, où les
» secours, qui me furent prodigués,
» me rendirent à la vie, et me per-
» mirent de connaître mon libéra-
» teur. Le dirai-je, mon fils? sa vue
» jetta un nouveau trouble dans mes
» sens. Le feu qui brillait dans ses
» yeux sembla se communiquer
» dans les miens; son maintien,
» tout-à-la-fois modeste et noble,
» me charma; je me sentis portée,
» malgré moi, à lui devoir plus
» que de la reconnaissance, mon
» cœur éprouvait le besoin d'aimer,
» et dès ce moment, je ne vis plus
» un homme couvert d'habits gros-
» siers, réduit au dernier des états,
» je ne vis que l'homme généreux
» qui m'avait sauvé la vie; sa nais-
» sance ne me parut pas moins il-
» lustre que la mienne, son cou-
» rage lui donna mille titres à mes
» yeux, et son rang... il l'obtint

» dans mon cœur. . . . .

» . . . .

» . . . . Laissez-moi passer sous si-
» lence des détails dont je ne puis
» instruire votre jeunesse, d'autres
» que moi vous les apprendront
» peut-être, et j'ose croire que vous
» donnerez quelques larmes à la
» mémoire de votre mère, qui a
» payé un seul jour d'égarement
» par quinze années de souffrances
» et de malheurs. Qu'il vous suffise
» de savoir maintenant, mon fils,
» que mon libérateur fut votre père;
» qu'après vous avoir fait élever se-
» crettement par une créole jusqu'à
» l'âge de six ans, il vous transporta
» lui-même dans sa patrie, où il
» fut forcé, pour cacher votre exis-
» tence, de vous confier à des mains
» étrangères ; que de retour en
» France, au moment où vos dis-
» positions commençaient à se dé-

» velopper, je m'occupai à mon
» tour de votre sort, j'en remis le
» dépôt à monsieur le procureur du
» collège d'Harcourt, que l'on m'a-
» vait fait connaître comme un
» homme intègre, sévère dans ses
» principes, mais indulgent pour
» les faiblesses d'autrui. Il n'a point
» trompé mon attente, il vous a
» tenu lieu de parens, et je ne puis
» trop vous féliciter vous-même du
» zèle avec lequel vous avez ré-
» pondu à son amitié et à ses soins.
» Quant à votre père, le crédit que
» j'étais parvenu à lui procurer aux
» Isles, lui avait fait amasser une
» honnête fortune; des convenances
» sociales et barbares m'empê-
» chaient, sous peine d'encourir la
» haine et la vengeance d'une fa-
» mille puissante, de cimenter par
» un lien légitime et public l'union
» secrette qui vous donna le jour,

» deux ans après son arrivée en
» France, il se maria dans le pays
» même qui l'avait vu naître. Mon-
» sieur le procureur vous commu-
» niquera tous les renseignemens
» que vous pourrez desirer sur son
» nom, sur son état et la ville où il
» réside en ce moment. Voilà, mon
» fils, mon cher fils, l'aveu que je
» vous devais, que je devais à ceux
» de ma famille qui me survivront.
» Dût cet aveu imprimer une tache
» à ma mémoire, j'ai voulu le rendre
» authentique. Un notaire est à mes
» côtés, et écrit mes dernières vo-
» lontés ; monsieur le procureur
» vous les transmettra , elles re-
» gardent le partage des biens dont
» je suis unique héritière. Croyez
» que vous n'êtes point oublié, que
» j'ai fait reconnaître vos droits, et
» que votre souvenir me suivra jus-
» ques dans la tombe. Adieu, cher

» Eugène, ne faites point un mau-
» vais usage de la fortune qui doit
» vous échoir, cultivez le bien;
» soyez honnête homme, mon ami,
» et le ciel vous épargnera les cha-
» grins dont je meurs la victime.
» — Cette lettre n'est point écrite
» de ma main, j'ai à peine la force
» de la signer.... Eugène!... dans
» une heure.... dans une minute
» peut-être je n'existerai plus!...
» Ah mon fils! que ne pouvez-vous
» au moins recueillir mon dernier
» souffle. Adieu.

VICTORINE DE R.......

— Après la lecture de cette lettre,
qui m'avait arraché des larmes, mon
compagnon essuyant lui-même ses
yeux, continua ainsi : — Je vous
épargnerai le tableau de ma douleur, elle fut telle que j'en perdis

la raison, et ce ne fut qu'au bout
de quelques mois que je me sentis
en état d'approfondir toute l'horreur de ma situation. Ma mère avait
expiré, et sa famille, irritée du
secret qu'elle avait révélé en mourant, attaquait déjà les formes et
les dispositions du testament fait
en ma faveur. Elle intenta un procès ; mes droits allaient être mé-
connus, anéantis, lorsque mon
père, informé de cette injure à la
mémoire d'une femme malheureuse, arriva à Paris, consulta les
plus célèbres avocats, leur fit plaider
ma cause, gagna ce procès aussi
injuste que révoltant, obtint un
arrêt qui légalisa mes prétentions,
et me rétablit dans la jouissance du
legs qui m'était échu. Le testament
fut exécuté suivant toute sa teneur,
et je me vis tout-à-coup maître
d'une fortune assez considérable.

Sans cet événement, peut-être n'aurais-je jamais connu mon père. C'était un homme simple, bon, franc et loyal : il m'expliqua sans détour les raisons qui l'empêchaient de me recevoir au sein de sa famille. Un établissement qu'il avait à soutenir avec honneur, un mariage qui le rendait heureux, et que ma présence aurait troublé ; un enfant, fruit de cette union, et dont la vue aurait excité ma jalousie ; ce préjugé absurde qui domine particulièrement dans les provinces, préjugé qui exclut de la société les enfans naturels, ou les expose à rougir continuellement de leur naissance ; tels étaient les motifs qu'il m'alléguait, et auxquels j'eus la sagesse de me rendre. — Mon cher Eugène, me dit-il, en se séparant de moi, embrassez un état, distinguez-vous par vos talens et vos vertus ; demeurez à Paris, et dans votre position, vous y serez plus heureux qu'au milieu d'une petite ville, où l'on n'échappe point aux regards indiscrets et à la langue médisante des oisifs et des sots qui l'habitent. C'est à regret que je m'éloigne de vous, mais quelque distance que le sort mette entre nous, croyez que mon cœur sera toujours rapproché du vôtre ; il vous suivra dans vos plaisirs, dans vos dangers, il fera tout pour assurer votre repos et votre bonheur. Un ami, dont je suis sûr comme de moi-même, veillera sur vous, vous aidera au besoin de ses conseils, de son expérience, et vous rendra, sans que vous vous en doutiez, tous les services que vous pourriez attendre de moi. — Et il me quitta. Ces adieux furent les derniers ; il ne revint plus à Paris, et moi, toujours fidèle au respect que je lui devais, à l'obéissance que je lui avais jurée, je ne conçus pas même une fois le dessein d'aller porter la zizanie dans l'intérieur de son ménage. Quelques années s'écoulèrent, la philosophie vint à mon secours, j'oubliai les malheurs du passé, et content du présent, je m'occupai à m'assurer un sort aussi tranquille pour l'avenir. Je voyageai beaucoup, j'appris à connaître les hommes, à me garantir de leurs pièges. Je m'adonnai ensuite au commerce, je fis quelques projets utiles, je remplis différentes places avec distinction, et en 1784, je fus nommé secrétaire de la marine.

Jusqu'alors, je l'avouerai, mon cœur n'avait été que faiblement engagé ; je n'avais point encore ressenti ces passions violentes auxquelles l'homme sacrifie non-seulement son repos, sa liberté, mais souvent aussi l'honneur, la délicatesse et les devoirs les plus sacrés. J'étais armé d'une sorte de prévention contre un sexe d'autant plus dangereux, qu'il est séduisant et captieux. J'avais vu cent exemples de la bonté et de la vraie sensibilité des femmes, j'en avais vu mille de leur perfidie, et j'avais toujours craint d'en augmenter le nombre. Mais personne n'est à l'abri de ces orages. Il faut avoir joué pour sentir les dangers du jeu, il faut avoir aimé pour bien connaître les tourmens de l'amour, et apprendre à quel degré d'égarement peut porter ce sentiment irréfléchi. Le hazard (c'est toujours lui qui le fait naître), le hazard seul me fit rencontrer celle qui devait ébranler ma résolution et subjuguer mon cœur. Jamais beauté plus touchante ne s'était offerte à ma vue : son innocence, sa candeur ajoutaient à ses charmes; et ce qui acheva de m'en rendre épris, ce fut l'air de mélancolie et de tristesse que je crus remarquer dans ses traits. Cette jeune personne, accompagnée d'une dame respectable, était venue à mon bureau, pour y présenter un mémoire et solliciter l'avancement d'un de ses parens. Je me chargeai du mémoire, en la priant de permettre que je lui épargnasse à l'avenir les soins et les tracas où pouvait l'entraîner le devoir pénible de solliciteuse, et en assurant que je me ferais un vrai plaisir d'aller lui annoncer moi-même le succès de sa démarche. L'aimable enfant, avant de répondre, consulta les regards de sa conductrice, et celle-ci, devinant son embarras, prit pour elle la parole.

— Monsieur, me dit-elle, ces procédés sont rares dans les bureaux ; on y dédaigne les malheureux, on y repousse froidement celui qui, sans or et sans protection, vient demander justice. L'offre que vous nous faites nous est donc d'autant plus agréable, qu'elle nous donne de vous une opinion bien plus avantageuse. Nous nous en rapportons entièrement à votre générosité et à votre délicatesse.

— Madame, quand une place est vendue à l'intrigue, oui, l'ignorant ou l'ambitieux qui l'exerce, ouvre rarement son cœur à la pitié, oui, l'honneur, la justice, chez lui tout est vénal ; pour moi, en vous servant, je croirai avoir rempli sévèrement mon devoir.

Une larme, que j'aurais voulu recueillir, une larme mouilla la paupière de la jeune personne, qui se retira avec son guide, et emporta avec elle mes vœux et ma tranquillité.

Pressé par le desir de tenir ma promesse et de revoir celle qui, en réclamant modestement mon appui, m'avait fait sentir le besoin de réclamer le sien, je mis dans mon travail la plus grande promptitude, et au bout de trois jours, j'eus le bonheur d'aller lui représenter son mémoire, apostillé par le ministre, avec la lettre qui accordait au signataire la faveur qu'il demandait, et qui était réellement due à ses services. La mère me reçut avec mille démonstrations de joie, la fille me récompensa de mon zèle par un regard qui jetta mon cœur dans une agitation dont elle eut peu de peine à s'appercevoir. Nous nous devinâmes sans nous parler, et la rougeur subite qui couvrit en même-tems

tems notre visage, fut le signe certain de la commotion électrique qui nous avait frappés tous les deux à-la-fois.

Plus l'amour éprouve d'obstacles, plus il s'irrite et augmente sa force. Le nôtre fut traversé par les chagrins les plus cuisans. Mes premières intentions avaient été pures, je voulais me marier, mais le ministre, dont j'avais la confiance et l'amitié, et à qui je crus devoir soumettre mes projets, s'y opposa de tout son pouvoir, et me menaça de son ressentiment, si je ne me rendais point à ses sonseils. Je pense qu'alors il avait d'autres vues sur moi, et qu'il me destinait la main d'une de ses nièces. Placé entre l'autorité d'un ami puissant et une passion qui ne connaissait plus de bornes, je cédai à l'une et je mis tout en usage pour satisfaire à l'autre : séductions, promesses, sermens, rien ne me coûta. Hélas ! aurai-je le courage de vous l'avouer ? celle que j'aurais dû respecter, dont j'aurais dû protéger la faiblesse et l'innocence, devint ma victime ; et le ciel, pour mettre le comble à son désespoir et à ma honte, voulut qu'elle portât dans son sein les marques d'une union coupable. Mon crime pensa lui coûter la vie ; laissez-moi vous cacher tout ce que l'infortunée eut à supporter d'humiliations et de peines ; ses malheurs sont mon ouvrage, en retracer le tableau, ce serait aggraver le poids de ma douleur. Insensé que je fus ! l'exemple de ma mère n'aurait-il point dû m'arrêter sur les bords du précipice ? ne savais-je pas alors que j'étais moi-même un être proscrit, voué à l'opprobre, comme le fruit d'un amour illicite ? Mais je l'ai déjà dit, le torrent des passions déracine toutes les vertus ; on lui opposerait envain l'honneur et la délicatesse : s'il faut mépriser l'homme froid et insensible, combien est à plaindre celui qui ne sait point maîtriser son cœur !

Ce n'était pas assez des maux qui accablaient ma jeune amie, l'apparence, presque toujours trompeuse, allait me rendre encore mille fois plus coupable à ses yeux, en lui faisant soupçonner ma fidélité, en la forçant à croire que le mépris et l'abandon devaient être désormais le prix de ses sacrifices. En ce même tems, des envieux, ennemis d'autant plus dangereux qu'ils agissent dans l'ombre, travaillaient sourdement à m'enlever l'estime et la confiance du ministre, et tentaient les moyens les plus perfides pour attirer sur moi le poids de sa disgrace. Après avoir épuisé tous les poisons de la calomnie, ils m'accuserent de malversations, de dilapidations, je fus perdu avant que je n'eusse le tems de me justifier, et l'on me traîna en prison comme le dernier des criminels, leurs mesures étaient si bien prises qu'il ne me fut pas même permis de réclamer aucun appui. Je fis des mémoires, que l'on brûla, j'écrivis des lettres, que l'on intercepta. Ma captivité dura six mois, je ne recouvrai ma liberté qu'après que mes ennemis se furent bien assurés que mon crédit était entiérement anéanti et qu'ils n'avaient plus rien à redouter de mes récusations. La perte de ma place m'affligeait beaucoup moins que la tache honteuse dont on avait souillé impunément mon honneur, j'essayai d'élever la voix, on m'im-

posa silence , en me menaçant
d'une nouvelle persécution , j'aurais tout bravé pour confondre
mes lâches calomniateurs , si mon
ressentiment n'eut été distrait par
des remords réels , par ceux d'a-
voir abusé de l'innocence d'une
créature timide , et de l'avoir con-
damnée au malheur, en exigeant
d'elle le sacrifice de sa vertu. Mais
qu'était devenue cette victime intéressante? Je l'ignorais. Elle avait
disparu depuis plusieurs mois et
personne ne pouvait m'informer
du lieu de sa retraite; toutes mes
perquisitions furent inutiles : dé-
solé , poursuivi par l'image de sa
douleur, je ne pus à mon tour supporter le séjour de Paris. J'em-
ployai à l'acquisition d'une petite
terre le bien que ma mere m'avait
légué par son testament, et j'allai
cacher mon désespoir dans cet

asile, éloigné de trente lieues de la capitale et habité par des hommes laborieux dont je me fis de véritables amis. J'y vivais avec l'austérité d'un religieux de la Trappe, je commençais à y jouir du repos que l'envie et les passions m'avaient arraché, lorsque la nouvelle de la mort de mon pere vint troubler la douceur de ma solitude.

Monsieur, je terminerai le récit de mes tristes avantures par la lecture de la lettre que ce bon pere m'écrivit ou me fit écrire à ses derniers momens. La voici. — « Mon » cher Eugene, c'est vers vous que » je porte mes derniers regards, » vers vous qui m'avez toujours » aimé, quand celui pour lequel » j'ai tout sacrifié, tout jusqu'au » bonheur de vous nommer mon » fils, ne m'a payé que d'ingratitude » et de mauvais procédés... — Je

vous ai dit , monsieur , que mon
pere avait eu un fils dés la première
année de son mariage, c'est ce frere,
que je ne connais point, que je n'ai
jamais vu, qui lui a sans doute donné tant de sujets de plaintes.

— Continuez, monsieur, je vous
en supplie, le commencement de
cette lettre.... Tout ce que vous
m'avez raconté.... Je frémis, je
tremble malgré moi... Achevez ,
ou dites-moi bien vîte le nom de
votre pere.

— Quel intêret si puissant....

— Au nom du ciel ! monsieur ,
ne me laissez pas plus long-tems
dans l'incertitude...Je brûle et je
crains d'apprendre. . . .

— Ce trouble. . . .

— Je ne puis m'en défendre.

— Quel motif. . . .

— Vous le saurez.

— Seriez-vous de Troye ?

— Cette ville est le lieu de ma naissance.

— Auriez-vous connu mon pere?

— Son nom, monsieur, son nom?

— Hubert.

— Hubert!.. c'est lui! c'est lui!..

— Qui, lui!... Expliquez-vous.

— Vous êtes. . . .

— Achevez.

— Mon frere !

— Votre frere ! Qu'entends-je...

— Ce que vous aurez de la peine à croire, ce que je ne crois point encore moi-même !...Par pitié ! ne me haissez pas, ne me condamnez pas avant de m'avoir écouté , je supporterai le sort auquel mon père m'a condamné , puisque la mort a fermé sa paupière avant qu'il n'entendît ma justification, mais au nom de votre tendresse pour lui , ne me jugez point sur les apparences qui m'ont perdu dans son esprit, comme celles qui ont trompé l'innocente créature que vous avez aimée. Mon frère! mon frère! voyez mes larmes, mon désespoir !....

— Rassurez - vous , vous êtes malheureux, s'il est vrai que vous ayiez encouru la malédiction de votre père, mais alors ce n'est point moi qui dois être votre juge, je m'applaudirai plutôt, si vous consentez à me regarder comme votre ami, comme votre véritable frère. Oui, je veux l'être , je le serai , je réparerai l'injustice d'un père qui vous a cru coupable. Sans vous connaître, je vous avais offert mes services; maintenant, je remplirai mon devoir, c'est moi, moi seul qui vous rétablirai dans tous vos droits.

CHAPITRE XVIII.

Station à Auxerre.

Nous arrivâmes avec le jour à Auxerre, et nous nous y arrêtâmes quelques heures pour prendre du repos et de la nourriture. Ce fut pendant cette petite station que je fis une plus ample connaissance avec le frère que le ciel venait de m'envoyer si à propos ; et pour mériter la confiance qu'il m'avait témoignée, pour me laver en même-tems du péché d'ingratitude dont on m'accusait, je lui racontai à mon tour tous les évenemens tragiques ou comiques dans lesquels j'avais joué un rôle depuis mon départ de

Troye ; mais en lui parlant de mes chastes amours, je lui cachai le nom de celle qui en était l'objet, discrétion dont il ne pouvait me blâmer, puisque lui-même m'en avait donné l'exemple. Au reste il se comporta à cet égard avec une prudence qu'il avait sans doute intention d'exiger de moi, il respecta mon secret, je respectai le sien, il me donna des conseils sur la conduite que j'avais à tenir, je m'en permis quelques-uns sur celle que l'honneur lui prescrivait, il m'exhorta à remplir la promesse que j'avais faite à la personne que je croyais digne de mon choix, et moi de mon côté, je promis de l'aider à retrouver sa belle, je l'engageai à réparer sa première faute et à faire cesser les torts apparens que lui donnait son silence. Après cette explication franche et amicale, nous nous re-

tirâmes chacun dans une chambre
séparée , nous écrivîmes, j'ignore
à qui mon frère s'adressa ; pour
moi , je me hâtai d'informer le capitaine Rivardin de la découverte
que je venais de faire ; à sa lettre ,
j'en joignis une autre aussi tendre
que respectueuse pour mademoiselle Benedicte. Nos missives parties , nous nous réunîmes, j'achetai
à Auxerre un habit noir et un
crêpe , afin d'arriver en deuil à
Troye , nous partîmes vers les dix
heures du matin : et le lendemain ,
vers l'après midi nous descendîmes
dans la maison de notre père.

CHAPITRE XIX.

Le jour des morts.

L ES scellés avaient été apposés par-tout, nous ne trouvâmes pas une seule chambre en état de nous recevoir ; mon frère, qui savait qu'un *bâtard* était regardé à Troye comme une *bête noire*, ne voulut point demander asile à des parens qu'il n'avait jamais vus, et qui auraient fait difficulté de le reconnaître ; prévenu également de la haine que ces mêmes parens avaient depuis peu conçue contre moi, je ne fus pas tenté davantage d'aller solliciter leurs bonnes graces, et je me logeai avec Eugène dans l'auberge la plus reculée de la ville. Mon premier soin fut d'écrire une seconde lettre au capitaine Rivardin, et de lui envoyer l'adresse à laquelle il pouvait me répondre. Nous fûmes tristes et silencieux tout le reste de la journée ; nous nous couchâmes avec les mêmes pensées, et le lendemain, jour des Morts, nous nous disposâmes à aller entendre l'office à l'Eglise St.-Gengulf, où notre père avait été enterré. Le cimetière était rempli de pleureurs et de pleureuses ; nous rencontrâmes, en y entrant, un homme, qu'à son accoutrement lugubre, nous jugeâmes être fossoyeur de la paroisse ; nous le priâmes de nous indiquer la place où reposait monsieur Christophe Hubert ; il nous montra un monticule de terre fraîchement remuée, et

nous nous y rendîmes sur-le-champ
en adressant nos vœux à l'éternel.
Arrivés à l'endroit désigné, nous
y trouvâmes deux personnes pros-
ternées et plongées dans la plus
profonde tristesse : l'une était ma
cousine Berthe ; je ne fus point surpris de la voir, mais un cri décéla
mon étonnement, lorsque je re-
connus dans l'autre celui que j'ai
nommé déjà plusieurs fois *le vieux
quaker*. Ma cousine, distraite de
ses pieuses rêveries par le cri que
je venais de jetter, tourna ses yeux
vers moi, pâlit, se leva brusquement, voulut fuir, sentit ses forces
l'abandonner, et retomba sans connaissance sur la tombe que ses pleurs
avaient arrosée. — Vous ne causez
que des malheurs, me dit le vieillard qui l'accompagnait. — Je res-
tais ébahi, Eugène appellait du
secours, ma cousine ne donnait au-

cun signe de vie, tout le monde accourait, s'empressait autour d'elle : l'un frappait dans ses mains, l'autre l'inondait d'eau-bénite, vains remèdes ! Elle était déjà transportée loin du cimetière, que je cherchais encore à me rendre compte de la cause de son évanouissement ; le vieillard, quoique disparu avec elle, demeurait présent à mon esprit, j'étais interdit, immobile et muet. Une pluie énorme, qui survint en ce moment, força la foule larmoyante à se réfugier dans l'intérieur de l'église ; je pris une route opposée, et j'allai m'abriter à l'extrémité du cimetière, sous une espèce de hangard, où des milliers de têtes de morts étaient entassées sans distinction de rang ni d'âge. Ce spectacle émut singulièrement mon ame déjà portée à la mélancolie. Je considérais ces ossemens humains, je me permettais quelques réflexions philosophiques sur les vanités de ce monde, je me disais : — Dans cent ans, peut-être, si je meurs à Troye, je serai confondu dans cet amas de poussière, personne ne se souviendra que monsieur Pascal Hubert a existé : pourquoi donc se donne-t-on tant de peines dans cette vie, pourquoi court-on sans-cesse après un bonheur imaginaire, puisqu'il faut tôt ou tard rentrer dans ce néant, puisqu'ici aboutissent toutes les passions, toutes les haines, tous les désirs, puisque... J'allais, sans m'en appercevoir, débiter un des sermons du père *Bourdaloue*, quand tout-à-coup un crâne, sur lequel mes yeux étaient particulièrement fixés, s'agita et vint rouler à mes pieds. Je crus un moment mon imagination frappée, je ris ensuite de mon premier mouvement de frayeur; mais mon effroi redoubla, une sueur froide couvrit mon front, mes jambes plièrent sous moi, lorsque je vis le crâne aller, venir, se retourner en cent façons, et je perdis tout-à-fait l'usage de mes sens, lorsque j'entendis des cris aigus et plaintifs sortir de ses cavités ténébreuses. Dans cet intervalle la pluie cessa, les pleureurs revinrent dans le cimetière, on me trouva évanoui, on fut témoin des gambades du crâne, les enfans se sauvèrent de peur, les jeunes filles crièrent: *Au revenant! Les vieilles: Au miracle!* — Ici — c'est une punition de Dieu! — Là — c'est une ame qui demande des prières. — Tout ce bruit me tire de ma léthargie, je me réveille au milieu du tumulte, je vois le curé de St.-Gengulf exorcisant, je vois une assemblée nombreuse de catholiques à genoux, et levant les mains vers le ciel ; je vois le fossoyeur préparant un trou pour y déposer la tête ressuscitée ; je vois.... je vois un gros rat sortir du crâne où il s'était emprisonné ; je vois le curé confus et regrettant ses *oremus*, les vieilles femmes brisant leurs chapelets de colère, les enfans éclatant de rire, le fossoyeur poursuivant avec sa pioche le diable de rat ; je vois enfin que les mille et un contes de revenans faits depuis mille et un siècles, ont été forgés sur mille et une avantures pareilles, que plus de mille et un sots y ont cru, et que sans le désemprisonnement du rat, j'aurais encore augmenté le nombre des crédules.

Cependant je ne savais plus ce qu'était devenu mon frère ; je retournai à l'auberge et ne l'y trouvai

point ; je l'attendis vainement tout le jour, je me couchai sans le revoir, je me levai le lendemain sans qu'il parut ; je reçus une lettre, je la croyais de lui, je l'ouvris avec empressement, elle était encore de l'écriture du *vieux quaker* : que m'apprenait-elle ? En voici le contenu : — „ Votre cousine est à toute
» extrémité : apprenez que pen-
» dant votre absence, cette jeune
» personne n'a cessé un moment
» de s'occuper de vous. Votre as-
» pect imprévu a été la cause de
» ce bouleversement qui la met à
» deux doigts de sa perte ; et ce qui
» me fait désespérer de sa vie,
» c'est qu'elle n'ose découvrir à
» ses parens la source de son mal,
» moi seul j'ai su pénétrer son secret
» et j'ai promis de ne le révéler
» qu'autant que je serais sûr de l'in-
» téret que vous prendriez à sa

» situation. Au nom de la recon-
» naissance que j'ai droit d'atten-
» dre de vous , je vous engage à
» renoncer aux projets de mariage
» que vous avez formés sans l'aveu
„ de votre famille , à payer de re-
„ tour les sentimens que votre
„ belle cousine a conçus pour vous ,
„ j'applanirai tous les obstacles qui
„ s'opposent à une union néces-
„ saire à son bonheur , l'argent est
„ un puissant mobile, je me charge
„ d'obtenir des *dispenses* et de faire
„ votre paix avec votre oncle. Ré-
„ ponse prompte. Songez que vous
„ pouvez rendre la vie à votre mal-
„ heureuse cousine ou achever de
„ lui donner la mort. „

P. S. Je reçois à l'instant même
l'avis qu'un étranger s'est battu en
duel avec un jeune homme de cette
ville, et que ce dernier a succombé
sous les coups de son adversaire

qui a pris la fuite. Dites-moi si la personne qui vous accompagnait hier est rentrée à son auberge. Je tremble, je crains d'apprendre de nouveaux malheurs.

Le trouble où me jetta cette lettre est facile à concevoir : L'absence de mon frere redoubla mes inquiétudes, je ne doutai point que ce ne fût de lui dont il était question dans le *post-scriptum*. Me voilà partagé entre les dangers de ma cousine et les siens. Que faire ? Que devenir ? Je voulais sauver ma cousine, mais je ne voulais point renoncer à mademoiselle Benedicte, je voulais courir après Eugene, et j'ignorais les lieux où il s'était caché. Mais pourquoi avait-il fui ? Pourquoi s'était-il battu en duel ? Adieu toutes mes espérances, je ne m'étais pas encore trouvé dans un pareil embarras. J'allais sortir, voler à la maison de mon oncle, y chercher des conseils, y demander un appui, lorsque des gens de justice entourèrent l'auberge, la visitèrent du haut en bas, et finirent par s'assurer de ma personne. Je les suivis sans résistance, et me laissai conduire en prison, certain que je n'avais rien à craindre pour moi, mais espérant, en ne détruisant pas leurs soupçons, de donner à mon frere le tems de s'échapper avec plus de sûreté. Ainsi, à peine arrivé à Troye, je devins la fable du pays, le sujet de toutes les conversations, on ne parla pendant trois jours que de mon retour inattendu, de l'évanouissement de mademoiselle Berthe, de la résurrection de la tête de mort et de mon duel ; delà mille conjectures, mille médisances, mille absurdités, mille imprécations

contre moi. J'étais un fils ingrat ,
dénaturé , j'avais fait mourir mon
père , le séjour de Paris m'avait
corrompu , je ne méritais rien moins
que l'échafaud et l'on m'offrait aux
enfans comme l'exemple épouvan-
table des malheurs où entraînent
le vice et la désobéissance. Tous
ces caquets ne prouvaient rien en
justice , une simple confrontation
devait me tirer d'affaire et me rendre
la liberté. L'adversaire, contre lequel
je supposais que mon frère s'était
défendu , n'était point mort de sa
blessure , la perte de son sang l'a-
vait privé deux jours entiers de
toute espèce de connaissance , mais
le troisième il avait donné des
signes de vie , il avait recouvré la
parole ; on profita de ce moment
pour me faire paraître devant lui ,
et d'après son propre aveu , je fus
déclaré innocent. Cette circonstance
me

me réconcilia avec tous mes parens,
le père de mademoiselle Berthe vint
me féliciter le premier de ma déli-
vrance et m'offrit un logement dans
sa maison. Un refus l'aurait offensé
de nouveau, j'acceptai dans l'espoir d'être utile à mon frère, et de
terminer plutôt toutes mes affaires
de famille. Mademoiselle Berthe
conçut aussi de ce rapprochement
un augure favorable pour elle, sa
santé se rétablit sans le secours de
l'art, et mon oncle qui ne man-
quait point de pénétration, s'ap-
perçut bien que ma présence et mes
soins avaient seuls operé ce miracle.
Comme il chérissait tendrement
sa fille, il sonda son cœur, ma
cousine avoua tout, et en bon pere,
au lieu de combattre une faiblesse,
un amour qui couvait depuis long-
tems comme le feu sous la cendre,
il lui promit d'employer tout son

Tome 2.

pouvoir pour me déterminer à un mariage auquel il n'avait point encore paru que je fusse porté. Il m'en parla bientôt avec chaleur, je me trouvais dans la nécessité de ne point refuser son choix ; en m'y montrant sensible , je le priai seulement de différer l'exécution de ses projets , appuyant la demande de ce délai sur des raisons étrangères à mes engagemens, mais dont il lui était impossible de ne pas sentir la conséquence. Avant de quitter mon auberge , pour demeurer chez mon oncle , j'étais convenu avec l'hôtesse qu'elle garderait les lettres qui viendraient à mon adresse , et qu'elle ne les remettrait qu'en mes propres mains. J'allai m'informer plusieurs jours de suite si rien n'était arrivé , et enfin j'en reçus trois à la fois , qui sont trop importantes pour que je ne les place point à cet endroit de mon histoire. Impatient d'en connaître les auteurs, je les décachetai toutes trois en même tems. La premiere, très-volumineuse par les papiers qu'elle renfermait, était signée *Eugene Hubert.* La seconde qui ne contenait que quelques lignes m'était envoyée par le capitaine Rivardin. La troisième était une nouvelle énigme, je n'en connaissais point l'écriture, elle n'était point signée et ce n'est qu'à la fin de cet ouvrage qu'on saura de qui elle venait, et auquel des deux freres elle s'adressait.

(N°. 1.) *Lettre d'Eugene.*

— Mon frere, vous devez avoir conçu de grandes inquiétudes sur mon sort, depuis le malheureux instant où une affaire d'honneur dans laquelle j'ai tué mon adversaire m'a forcé à prendre la fuite pour me mettre à l'abri de la sévérité des loix injustes qui défendent à l'homme offensé de se faire justice soi-même , je n'ai tardé à vous donner de mes nouvelles qu'afin de pouvoir vous apprendre que j'étais en sûreté. Quelques perquisitions que l'on fasse maintenant , je n'en crains aucune , le lieu de ma retraite est assuré, et vous ne le connaîtrez vous-même que lorsque le tems aura ralenti les poursuites de la justice. N'imaginez pas d'ailleurs que j'aie le plus petit reproche à me faire , j'ignore encore quels torts j'ai eus aux yeux de mon aggresseur. Une méprise peutêtre l'a porté à m'attaquer lâchement, je n'ai cherché qu'à me défendre et le ciel l'a puni , puisqu'il a succombé. — Parlons de ce qui

vous regarde , mon frere. Il ne
fallait qu'une avanture aussi dé-
sastreuse pour me forcer à me séparer de vous. Comme je n'ai
paru qu'un jour à Troye et que j'y
suis parfaitement inconnu , je me
flatte qu'on ne vous aura point
inquiété. D'un autre côté je ne
veux point que vous perdiez les
fruits de votre voyage. Vous trouverez ci-joint toutes les pièces
nécessaires pour vous faire réha-
biliter dans vos droits , mon acte
de naissance , une procuration
pour agir en mon nom et une re-
nonciation absolue à la succession
de mon pere. Tous ces papiers sont
revêtus des formalités exigibles et
vous n'aurez pas besoin de ma
présence pour les faire valoir. Mon
dessein est de quitter la France, si
je n'y retrouve point l'infortunée
dont le souvenir m'accable et me

poursuit. Puissé-je, avant de m'exiler, apprendre que vous êtes heureux. Puissiez-vous, mon frere, vous unir bientôt à celle que vous aimez, et trouver dans le sein de votre ménage le repos et le bonheur qu'il ne m'a jamais été permis de goûter, et dont la jouissance me paraît pour long-tems interdite. Adieu.

(N°. 2.) — *Lettre du capitaine Rivardin.*

Mon cher ami, nous vous plaindrions sincérement de l'accident qui vous est survenu dans votre voyage, si nous n'avions à vous féliciter de l'heureuse rencontre à laquelle il a donné lieu. Je vous l'ai toujours dit, il ne faut jamais se désespérer. C'est à l'instant même où l'on s'attend à échouer contre des rochers qu'un

vent favorable se leve et nous remet
en pleine mer. Chacun dans ce monde a son étoile, heureuse ou malheureuse ; ne perdez point de vue la
vôtre qui promet de vous faire arriver à bon port. Votre lettre a
produit sur ma sœur un effet dont
j'augure le plus grand bien. Sa santé
n'est pas encore parfaitement réta-
blie , cependant elle reprend des
forces , et j'espère que le voyage
que nous allons faire dissipera tout-
à-fait sa mélancolie. Nous partons
demain pour l'Orient , venez nous
y rejoindre aussitôt que vous aurez
terminé vos affaires, je vous répète
que je ne m'embarquerai point que
vous ne soyiez arrivé , et que je
n'aie remis en vos mains le dépôt
précieux des destinées de ma sœur.
La pauvre enfant se tait , mais je
n'ai pas besoin de l'interroger pour
vous assurer du plaisir que lui cau-

sera votre retóur. Croyez que ma joie égalera au moins la sienne et que vous trouverez toujours un ami sincère dans le capitaine Rivardin.

(N°. 3.) — *Lettre anonyme.*

— Je connais donc enfin toute l'horreur de ma destinée, je n'ai plus d'espoir que dans la mort qui vient lentement à mon secours. Homme cruel et perfide ! que vous me faites payer cher l'oubli de ma raison ! vous ne m'accablez de vos mépris que parce que vous savez bien que je suis moi-même contrainte au silence, que je n'ai pas assez de courage pour révéler ma faute et qu'il ne m'est pas permis de faire entendre une seule plainte. Vous me fuyez, parce que vous savez que celui qui devrait me servir d'appui, ne serait que mon bourreau, si je lui dévoilais l'énormité de mon crime.... De mon crime ! ah ! c'est le vôtre, homme faux et astucieux, c'est le vôtre qu'il punirait, et telle est encore ma faiblesse, que je crains d'attirer sa vengeance sur vous; un reste de pitié dirige ma prudence et, de peur de compromettre vos jours, j'ai recours en ce moment même à des mains étrangères pour tracer sur ce papier toutes les humiliations que vous me faites supporter, pour vous peindre le désespoir où vous m'avez réduit, et pour vous conjurer au moins de remplir, lorsque je ne serai plus, les devoirs que l'humanité vous impose. Vous trouverez dans cette lettre le nom du village et l'adresse des honnêtes cultivateurs à qui j'ai confié le fruit de votre coupable séduction. Puissiez-vous réparer envers cette innocente créature les torts que vous avez eus envers sa mère. Oubliez-moi, méprisez-moi, j'ai mérité tous les châtimens, mais que l'être infortuné à qui j'ai donné la vie ne soit point responsable de mes erreurs; que ma honte ne retombe pas sur lui, qu'il ignore éternellement mon nom, afin qu'il ne rougisse pas de sa naissance. Un hazard, bien extraordinaire sans doute, m'a appris en quels lieux vous venez de porter vos pas. Un messager fidèle est chargé de ma lettre; si elle vous parvient, comme je l'espère, si elle est encore capable de toucher votre âme, s'il vous reste quelqu'idée de l'honneur (je ne dirai pas de l'amour, vous n'avez fait qu'emprunter son bandeau pour en couvrir mes yeux et me perdre) revenez, accourez, préve-nez par un aveu généreux le coup

fatal que le sort , toujours impitoyable, s'apprête à me porter , il
en est tems encore , bientôt mon
arrêt sera irrévocable, je le subirai
avec courage , mais la mort qui me
frappera me vengera de votre tra-
hison, le remords vous accablera et
vous me regretterez alors qu'il ne
sera plus en votre pouvoir de ratta-
cher les liens qui m'unissaient à
vous. Adieu, vous que j'aimai, que
je voudrais haïr, et pour qui je ne
cesse de verser des larmes.

Cette lettre , à en juger par ce
qu'elle contenait , ne pouvait s'a-
dresser qu'à mon frère; l'infortunée
qui *avait eu recours à des mains
étrangères* pour l'écrire, se livrait
au désespoir, se croyait méprisée,
abandonnée, quand Eugène, de son
côté , formait des vœux pour re-

trouver celle dont il était plus que jamais épris. Ainsi, je voyais deux êtres malheureux, trompés également par les apparences, se fuyant en voulant se rapprocher ; j'étais dépositaire de leurs secrets, sans pouvoir leur procurer les consolations dont ils avaient également besoin ; un mot, un seul mot eut suffi pour les rassurer l'un et l'autre, une simple explication eut raccommodé tout, et tout s'opposait à ce qu'elle eût lieu. Mon frère, par une prudence dont je le louais, n'avait point confié au papier le nom du lieu où il s'était retiré ; celle qui croyait avoir à se plaindre de ses procédés, ne donnait dans sa lettre aucun indice qui pût me faire découvrir son propre asile ; sans doute le messager qu'elle avait envoyé avait ordre de ne l'indiquer qu'à Eugène, car n'ayant point trouvé

mon frère à Troye, il avait remis
à l'hôtesse les papiers dont on l'avait
chargé, et il était reparti sans que
celle-ci eût pu lui arracher aucun
autre éclaircissement. Quelle conduite avais-je à tenir dans une circonstance pareille? Je ne voyais de
parti prudent que celui d'attendre
et de garder le silence, pour ne
point attirer l'attention sur mon
frère, et ne pas compromettre par
des recherches ébruitées, ou par
quelques informations mal-adroites,
une femme qui paraissait avoir les
plus grands ménagemens à observer. Cependant une autre particu-
larité occupait mon esprit égaré
dans les conjectures ; en me logeant
dans la maison de mon oncle Jérôme, je m'étais attendu à y rencontrer *le vieux quaker* ou *mon
ange Gardien*, j'espérais y découvrir enfin quel était cet homme qui

m'avait si souvent aidé *incognito* de sa bourse et de ses conseils ; vaine attente ! Le vieillard avait disparu du moment que je m'étais trouvé plus à portée de le connaître, et toutes les fois que je voulais interroger mon oncle sur son compte, celui-ci détournait adroitement la conversation, ou me faisait entendre que mes questions étaient indiscrètes. Je me tus enfin pour ne point troubler l'harmonie qui régnait entre nous, et j'attendis que le tems m'éclairât. Le père de mademoiselle Berthe ne fut pas aussi réservé, lorsque je lui soumis l'examen des papiers qui remettaient en ma puissance la moitié des biens de mon père. Sa tendresse paternelle, émue à la vue des dangers qui lui avaient fait craindre pour la vie de ma cousine, le fut encore davantage quand il vit mes espérances relevées. L'in-

térêt l'emporte sur tous les sentimens ; c'est un ressort qui fait mou-
voir la machine ronde, il n'est point
d'obstacle dont il ne puisse venir à
bout. Aussi monsieur Jérôme Hubert, charmé que le bien de son
frère rentrât dans sa famille, me
traita dès ce moment comme son
propre fils, et mit tout en œuvre
pour faire valoir mes prétentions,
pour obtenir des *dispenses* qui au-
torisassent mon mariage avec sa
fille, et enfin, pour hâter le jour
de cette union, que tout le monde
desirait, excepté moi. Je le laissais
agir librement, persuadé que son
zèle, mû par un motif puissant, ne
se rallentirait pas que je ne fusse
en possession de mon héritage ;
mais, je suis fâché de l'avouer à
l'aimable cousine, j'avais une ar-
rière-pensée qui n'entrait dans aucun de ces projets ; je me servais

alors de la patte du chat pour tirer les marons du feu. Une fois maître de mon bien, je me promettais de montrer les talons au bon oncle Jérôme, et de quitter Troye pour n'y remettre jamais le pied. D'un côté, je me rendais coupable de perfidie, d'ingratitude ; mais de l'autre, j'allais remplir une promesse sacrée, j'allais épouser celle qui s'était emparée la première de mon cœur, celle pour qui j'avais essuyé tant de traverses, tant de peines. On tient à ce qui coûte si cher ! au reste, mademoiselle Berthe fut bien vengée.

CHAPITRE XX.

Garre la bombe !

Récapitulons. — J'ai passé quatre mois à Troye. — Mon oncle Jérôme m'appelle déjà son gendre, ma cousine m'appelle son petit mari. — Les dispenses sont arrivées. — Les bancs se publient dans quinze jours. — Un procureur aussi honnête qu'expéditif (c'est beaucoup dire) vient de me mettre en jouissance du patrimoine que mon frère a eu la générosité de me céder. Ma grand'maman Hubert, qui n'est point morte (quoique mon silence à son égard eût pu le donner à penser), mais qui est aveugle et

infirme, jouit d'une pension pro-
portionnée à ses besoins, et as-
surée pour le reste de ses jours. Le
capitaine Rivardin m'a écrit plusieurs fois depuis son arrivée à l'O-
rient : si j'en crois ses avis, mademoiselle Benedicte est toujours rê-
veuse et mélancolique, et il n'y a
que mon retour qui puisse ramener
sa raison sujette à s'égarer. Me voilà
donc placé entre deux feux ! Garre
la bombe ! mon frère Eugène a
gardé jusqu'à présent le silence,
mais une lettre que je reçois à l'instant même, m'annonce qu'il est
dans un vieux château ignoré, au
fond du Bourbonnais ; que la vie
qu'il y mène lui est à charge ; que
toutes ses recherches ont été inutiles ; qu'il est informé qu'un vaisseau doit partir sous peu de jours
de l'Orient pour l'Isle-de-France ;
qu'il est décidé à s'y embarquer, à

porter au-delà des mers son désespoir et ses ennuis. — Il ne faut pas
oublier de dire que n'ayant pu faire
parvenir à Eugène la lettre préci-
tée, n°. 3, j'ai cru devoir le rem-
placer dans cette circonstance. J'ai
écrit moi-même aux *honnêtes cultivateurs* chargés de l'enfant ; je
leur ai envoyé tous les secours dont
ils pouvaient avoir besoin, en leur
recommandant de veiller soigneusement sur le dépôt précieux qui
leur était confié. — Que me reste-il
à faire maintenant ? n'ai-je pas l'air
d'un valet de comédie, menant dix
intrigues à-la-fois. Je suis héros de
roman, c'est à peu-près le même
rôle. Sortons, s'il se peut, du labyrinthe où je me suis *enfourné*, et
renouons les fils qui doivent me
conduire au dénouement. D'abord
il est essentiel que j'arrive à l'Orient
avant que mon frère ne s'y embar-

que ; en conséquence, il faut que je m'esquive de Troye à l'insçu du bon homme Jérôme et de l'amoureuse cousine. Je n'en partirai pas sans emporter avec moi la portion d'héritage que mon père a bien voulu ne pas léguer à l'hôpital des Enfans-Trouvés. *Ergo*, je vends à un juif, le moins fripon que je trouverai, meubles, immeubles, contrats, en un mot, tout ce qui pourrait me forcer à revenir dans mon cher pays natal : cette vente sera si secrette, que personne n'aura le tems ni la faculté de s'y opposer; enfin, je pars, je quitte à jamais la Champagne, *omnia mecum porto*, je dirige mes pas vers Paris, parce que c'est à quatre lieues de cette ville que demeure la nourrice du petit innocent qui fait le désespoir de son père et de sa mère. Je n'entre point dans Paris, de peur d'y ren-

contrer de nouveaux amis, mais je
marche droit au village qui m'a été
indiqué, j'emballe dans ma voiture
la nourrice et le nourrisson, je m'a-
chemine vers les rives de la Loire,
j'arrive à l'Orient, j'y trouve le capitaine Rivardin enchanté de me
revoir, mademoiselle Benedicte en-
chantée de m'épouser, et mon frère
enchanté d'embrasser le joli pou-
pon, me remerciant de la surprise
agréable que je lui cause, et renon-
çant à ses projets de voyage ; je
l'aide à découvrir sa belle affligée,
il la découvre, il l'épouse, les quatre
amans se réunissent, ne font qu'une
même famille, le ciel leur accorde
une postérité nombreuse ; ils sont
heureux et *la toile baisse.* Voilà
mot pour mot le plan que j'arrêtai,
mais je disposais de mes personnages sans les avoir sous la main,
je ne prévoyais pas toutes les ani-

croches qui devaient embarrasser mes scènes et changer la fin de ma pièce. Mon plan fut exécuté à la lettre jusqu'à mon arrivée à l'Orient; point d'obstacles, point de mal-encontres, point d'avantures épisodiques. Quel dommage d'être arrêté en si beau chemin!..............

— Pour qu'un drame échappe à la critique, il faut que non-seulement il comporte un grand intérêt, mais encore que tous les préceptes d'Aristote y soient observés, c'est-à-dire, qu'il y ait unité d'action, de tems et de lieu. Celui que je vous soumets, mes chers lecteurs, va donc éprouver une censure bien sévère, car j'ai violé toutes les règles de l'art, j'ai cherché à vous amuser sans consulter Aristote, j'ai manqué aux unités d'actions et de tems, et en vous transportant de Troye à l'Orient, c'est, je crois, ne pas respecter davantage l'unité de lieu. Eh bien ! censurez-moi, critiquez-moi, jettez-moi au feu, je n'aurai que ce que méritent tous nos faiseurs de pantomimes, qui nous font voir en deux heures les quatre parties du monde ; tous nos écrivains du jour, qui ne connaissent pas mieux que moi leurs anciens auteurs, et qui, pourtant, ne sont pas tous Champenois. Je vais fasciner vos yeux par le moyen d'une décoration nouvelle ; abandonnez avec moi ces murs dont le nom ne le cède en rien à ceux qui ont vu naître Hector, Priam, Agamemnon, tous les plus fameux héros de l'antiquité, et venez applaudir ou siffler mon dernier acte. — Le théâtre change et représente une ville très-commerçante, très-peuplée, et située sur les bords de l'Océan, comme Troye est bâtie sur la rivière de Seine; dans le fonds est un port couvert de vaisseaux de toutes les nations. — *Nota*. Nous sommes en tems de paix. — L'horison, d'abord calme et sérein, se couvre en un instant de nuages épais ; quelques éclairs annoncent un orage ; on entend le tonnerre gronder dans le lointain. — Scène première. — Je sors de la maison du capitaine Rivardin ; je parais comme un homme inquiet, égaré ensuite ; je marche, je vais et reviens, je ne sais où porter mes pas, je jette les yeux de tous côtés, je les lève vers le ciel, et enfin abattu, désespéré, je tombe sur un banc de pierre qui se trouve là fort à propos ; et après quelques momens de silence, je commence le monologue suivant :

CHAPITRE

CHAPITRE XXI.

Monologue.

—Est-il un mortel plus malheureux que moi ? j'ai donné la mort à un père qui m'idolâtrait, j'ai abusé de la crédulité d'un oncle bon et confiant, j'ai outragé sa fille, qui avait pour moi une tendresse extraordinaire, je l'ai abandonnée à l'instant même où tout lui faisait espérer que l'hymen allait combler ses vœux. J'arrive ici dans l'espoir de retrouver un frère tourmenté par les orages de l'amour, et de le consoler, en lui rendant un fils qu'il doit chérir ; depuis huit jours je cours, je cherche, je m'informe, ce frère ne paraît point et me voilà

Tome 2.   8

avec une nourrice et un enfant sur les bras. Pour comble de disgrace, le capitaine Rivardin conçoit des soupçons qui m'offensent. Il m'accuse de fausseté, il me croit père de cet enfant, parce que mademoiselle Benedicte à qui je l'ai présenté, a tressailli à sa vue, l'a couvert de baisers et manifeste pour lui la tendresse d'une mère, parce que l'innocente créature a souri aux douces caresses de mademoiselle Benedicte. N'est-il pas naturel cependant qu'une jeune personne, prête à unir son sort à celui d'un époux, éprouve une semblable émotion en serrant dans ses bras un être dont l'âge est fait pour intéresser et pressente ainsi le bonheur de devenir mère. Pour moi loin de blâmer cette conduite, j'en tire l'augure le plus favorable. Je la regarde comme une preuve de la bonté, de

la sensibilité de l'épouse à qui je
vais consacrer ma vie. Mais hélas !
plus j'applaudis à la pitié, aux sentimens touchans de mademoiselle
Benedicte, plus le capitaine se met
martel en tête et plus il s'imagine
que j'ai déshonoré sa sœur. O mon
frère? arrivez donc pour éclairer un
mystère qui laisse planer des soupçons injurieux sur la tête de deux
innocens. Lorsqu'excité par la reconnaissance, par l'intérêt que votre
sort m'inspire, je m'empresse à vous
apporter ici des objets de consolation, on me fait un crime d'une démarche qui n'aurait rien que de
plausible à vos yeux, on m'accuse
d'avoir manqué de confiance et de
délicatesse; et telle est ma position,
que je ne possède aucune preuve
capable d'effacer des doutes aussi
offensans pour moi que pour la
personne à qui je brûle de m'unir.

— Ici le monologue cesse, le capitaine paraît avec un air sombre et soucieux, il semble éviter mes regards , je m'approche de lui, je veux lui tendre une main amicale, il la repousse avec dureté. Je ne me décourage point, et affectant autant de douceur qu'il montre de mépris et de colère je cherche à l'appaiser par ces paroles.

— Vous êtes bien injuste, mon ami...

— Votre ami? j'ai cessé de l'être.

—Bien sévère?

— Rendez grace au ciel que j'aie été jusqu'ici maître de mon ressentiment.

— Pourquoi me juger sur des apparences ?

—Celles-ci ne sont point trompeuses.

— Votre sœur...

— Est moins coupable que vous.

Le désespoir qui l'accable depuis
long-tems, les larmes qu'elle n'a
cessé de répandre, son silence, sa
douleur, tout était fait pour me décéler sa faute; trop jeune, trop peu
versée dans le monde pour connaître l'artifice et la dissimulation,
elle ne m'a point trompé comme
vous par une fausse assurance, par
une perfidie froidement réfléchie,
par des sermens que son cœur aurait trahis. Vous seul avez abusé de
ma confiance, après avoir abusé de
sa faiblesse, et ce n'était pas assez que
vous vous fussiez rendu le plus criminel des hommes, il fallait encore
que vous vous en montrassiez le plus
lâche, en venant ici, sans ménage-
ment pour elle, pour moi, pour
vous-même, étaler aux yeux de
toute une ville les fruits de votre indigne séduction et afficher orgueil-
leusement son déshonneur et le
mien.

— Cet enfant. . . .

— Je l'ai fait éloigner de mes regards , j'ai craint qu'il ne devînt la premiere victime de ma fureur.

— Je vous ai dit que mon frere..

— Vous m'avez cru bien facile , bien stupide pour imaginer que vous m'en imposeriez par ce nouveau tissu de faussetés et de ruses. Ma sœur n'a pu rester elle-même votre complice. L'effet que la vue de cet enfant a produit sur elle a dévoilé un secret qu'elle s'efforcerait envain de cacher , la nature oubliée un moment a reclamé ses droits , le cœur d'une mere se deguise difficilement.

— Mais enfin cette lettre accablante, écrite par l'infortunée même qui. . .

— Monsieur Hubert ! (avec un ton ironique) vous connaissez merveilleusement l'art de conduire une

intrigue, et quoique d'une extrac-
tion basse, vous pourriez, je le
vois, figurer très-bien à la cour.
(avec plus d'ironie et d'amertume)
cette lettre est une preuve irrécu-
sable de votre innocence et de
votre sincérité. Vous n'avez rien
négligé pour donner à votre fable
un air de vérité et de persuasion...
qui séduirait tout être moins clair-
voyant que moi. Je n'ai qu'une petite observation à vous faire, c'est
que cette lettre, dont vous vous
étayez avec tant d'affectation, cette
lettre, conçue d'ailleurs avec beaucoup d'art, est sans date, sans
signature, et malheureusement encore, les caractères n'en ont point
été tracés par la main d'une femme.
Il fallait au moins, en la supposant,
supposer aussi un nom, une date,
un pays quelconque d'où la prétendue mere de cet enfant... qui

vous intéresse sous tant de rapports... vous aurait adressé ses plaintes et ses prières... (cessant tout-à-coup le ton ironique) Corbleu, monsieur, finissons cet entretien qui allume ma colère. Vous connaissez mon caractère bouillant, emporté, évitez, croyez-moi, des explications qui me font rougir devant vous. Craignez de me forcer à ne plus rien ménager.

— Cruel homme ! vous déchirez mon cœur ! Eh quoi ! rien ne pourra me justifier à vos yeux !

— Rien.

— Que me reste-t-il donc à faire !

— Votre devoir ! je ferai le mien. Tout est prêt pour votre mariage..

— Et vous ne m'avez point vu balancer un instant à remplir ma promesse. Monsieur je rends plus de justice que vous à votre sœur, je l'aime, parce que je crois fer-

mement qu'elle est à l'abri du reproche que vous lui faites , le tems
détruira votre erreur , mon frere
qui ne peut sans doute tarder de
revenir, vous prouvera si j'ai été un
homme astucieux et perfide. Je
vous offre encore de suspendre
mon mariage jusqu'à son arrivée
qu'il m'avait annoncée comme très-
prochaine.

— Non , monsieur, accusez-moi
d'entêtement , d'opiniâtreté , je ne
suis que ferme dans mes opinions,
et je ne m'abaisserai pas plus long-
tems à une condescendance qui me
couvrirait de ridicules. Demain
vous épousez ma sœur , et après-
demain je m'embarque , je vous
abandonne l'un et l'autre , vous
n'entendrez plus parler de moi.
La seule chose que j'exige, c'est
que , dès l'instant que vous serez
mariés, vous quittiez cette ville , où

la malignité pourrait s'exercer sur vous, où vous seriez exposés à devenir l'objet de la risée de ses habitans. Promettez-moi d'en partir sous trois jours. — Le capitaine me serrant la main et me regardant d'un œil menaçant : — promettez-le moi.

—Je vous le promets.

Voilà un dialogue assez long pour la seconde scène de mon dernier acte ; au moins fait-il connaître au spectateur les dispositions du capitaine à mon égard, l'opiniâtreté de son caractère et les raisons qui me déterminent à lui céder. Je quitte la place publique, et à l'imitation des pièces espagnoles et anglaises, je fais passer les scènes qui suivent dans des sites différens. L'une a lieu dans l'appartement de mademoiselle Benedicte : là, tous mes personnages observent un morne silence,

parce que tous ont un sujet particulier de douleur, d'inquiétude ou
de mécontentement. La nuit arrive,
on se retire, on se couche, on dort
ou l'on ne dort pas. — Pour moi je
ne dormis point une minute. — Le
jour reparaît, ce jour est celui de
mon mariage ; grace aux soins du
capitaine, obligeant à contre-cœur,
tous les préparatifs sont faits. Un
notaire se présente un contrat à la
main ; je signe, parce que je n'y
vois rien qui m'empêche de signer.
Mademoiselle Benedicte, pâle et
tremblante, comme doit l'être une
jeune fille sur le point d'enchaîner
sa vie, prend la plume, soupire,
lève les yeux vers le ciel, semble
l'invoquer, répand des larmes, se
résigne, hésite encore, veut parler,
se tait, s'arme d'un nouveau courage, et signe enfin comme on si-
gnerait un arrêt de mort. Le capi-

taine et les témoins font moins de façon ; le notaire, qui semble avoir rempli les fonctions d'un juge, s'éloigne en disant : — Voilà des époux bien gais, bien heureux ! — Et lorsqu'après avoir observé toutes les formalités usitées et réquises, nous sommes conduits à l'autel, nous recevons la bénédiction nuptiale, tous les assistans répétent en chœur : — Voilà des époux bien gais, bien heureux ! — Et le serpent qui s'escrime au lutrin, accompagne ce joyeux *motet* d'un bourdonnement qui achève de jetter *la joie* dans tous les cœurs. Le *crescendo* était si bruyant, que lorsqu'on emmena de l'église mon *épouse*, plus morte que vive, un grand nombre de curieux s'arrêta à la porte du temple, en demandant si l'on venait d'y faire un enterrement.

Le repas de nôces ne fut pas

moins amusant. *Madame Hubert*, c'est la seule fois peut-être que je dois donner ce nom à mademoiselle Benedicte, *madame Hubert* ne mangea point, et pour lui complaire, je gardai la même abstinence. Heureusement que nos quatre témoins n'avaient pas de raisons pour bouder contre leur ventre : ils s'en donnèrent de manière à ne pas laisser appercevoir que *l'amour et le bonheur* avaient étouffé notre appétit. Ces charmans convives, après avoir officié aussi lestement que le bon curé de Saint-Merry, allaient se lever de table, lorsqu'un domestique vint annoncer au capitaine que deux étrangers demandaient à lui parler en particulier. — Deux étrangers ! je tressaillis. Mon épouse frémit ; nous sommes tous deux sur le qui-vive.

— Le capitaine un peu surpris : — Vous ont-ils dit leurs noms ?

Le domestique s'approche et lui parle à l'oreille. — Monsieur Rivardin fait un mouvement qui ne présage rien de bon ; il quitte sa place, prend son chapeau, son épée, nous prie de l'excuser, et sort avec le domestique, que nous aurions voulu retenir et interroger. Quelque desir que j'eusse de le suivre, la politesse me força à rester ; mais mon silence, celui de mon épouse, notre contenance gênée, peignaient assez l'inquiétude qui nous tourmentait l'un et l'autre. Nos quatre témoins faisaient une triste figure, et ne demandaient pas mieux que de nous laisser à nous-mêmes : madame Hubert les tira d'embarras en manifestant la première l'envie de se retirer. — O ma fille ! lui dit

madame Rivardin, qui depuis long-
tems, ne remplissait plus que les
utilités, vous souffrez.... venez vous
reposer dans votre appartement.
— Elle lui donna le bras et l'emmena ; ce que voyant les convives,
ils plièrent bagage, me souhaitèrent
toutes sortes de prospérités et s'en
allèrent en répétant ce refrein :
— *Voilà des époux bien gais, bien
heureux !*

A peine fus-je seul que le domestique du capitaine rentra, et
me remit de sa part un billet ainsi
conçu :

— « Si je ne suis point de retour
» ce soir à dix heures, je vous prie
» de ne plus m'attendre, et de ne
» pas même vous informer de moi.
» Monsieur, vous êtes un galant
» homme, je vous ai accusé trop
» tôt, vous méritez d'être vengé,
» vous le serez ; car je ferai tout ce

» qui sera en mon pouvoir pour » être puni de la précipitation de » mon jugement. Demain peut-être » ma sœur n'aura plus que vous » pour appui; vous êtes généreux, » vous ne l'abandonnerez point. » Elle est malheureuse; elle a droit » à votre indulgence. Si, au lieu de » l'effrayer par une sévérité sans » bornes, j'avais su gagner sa con- » fiance, je n'aurais point à me re- » procher les torts que j'ai eus en- » vers vous: ils sont tels que je n'ose » vous les avouer, et que je laisse » au tems à vous les découvrir tous. » Adieu, Monsieur; ne pouvant » plus être digne de votre amitié, » je vais tâcher du moins de prou- » ver que je le suis encore de votre » estime.

RIVARDIN,

Capitaine de vaisseau.

— O ciel! que signifie cette lettre? quel malheur m'annonce-t-elle?...

— Où est ton maître, demandai-je vivement au domestique ?

— Il est parti avec les deux étrangers.

— Et tu ne sais point de quel côté il a porté ses pas?

— Il m'a défendu de le suivre.

— Quels sont ces étrangers?... leurs noms ?

— Je les ignore.

— Leur âge, à-peu-près?

— L'un peut avoir vingt-cinq ans, et l'autre soixante.

— Leur figure ?

— Le plus jeune vous ressemble, Monsieur, à s'y méprendre.

— C'est lui, ce sont eux !.. Va, cours, découvre-les.... dix louis pour toi si tu parviens à les retrouver.

— Dix louis, Monsieur !... et

mon maître qui serait capable de me passer son épée à travers le corps, si je lui désobéissais. Non, non, Monsieur, vous me donneriez toute votre fortune, que je ne m'aviserais seulement pas de faire un pas.

— Imbécille ! éloigne-toi, crains ma fureur. Le valet se retirant.
— Tout le monde est fou dans cette maison, depuis ce maudit mariage auquel on ne conçoit rien.
— Et il répète entre ses dents :
— *Voilà des époux bien gais, bien heureux !* Ce serait le cas de terminer ce chapitre comme je l'ai commencé, par un monologue qui peindrait mon trouble, mon agitation, mes inquiétudes. Je ressemble en ce moment à une de ces femmes qui suivirent Bacchus à la conquête des Indes, j'ai les cheveux hérissés, et je pousse des hurlemens

effroyables; il ne me manque qu'une peau de tygre, un thyrse, des torches et des flambeaux. On croirait, en me voyant au milieu de la salle du festin, que je célèbre les Bacchanales , ou que la coupe d'Hébé a enivré mes esprits. Je suis surpris dans ce désordre par Madame Rivardin. Sa présence rappelle tout-à-coup ma raison ; je me contiens de peur de l'effrayer , mais je l'interroge d'une voix qui n'est point tout-à-fait propre à la rassurer.

— Où est ma femme ?

— Dans son appartement , me répond-elle avec tristesse.

— Que fait-elle ?

— Elle a demandé de l'encre et du papier , je pense qu'elle écrit en ce moment.

— Ne puis-je la voir , lui parler ?..

— Elle m'a chargé de vous prier de la laisser seule.

— Je ne l'interromprai point, puisqu'elle l'exige ; mais au nom du ciel, Madame, veillez sur elle, ne la quittez pas, je vous en conjure.

— Vous allez sortir ?...

— Oui, soyez sans inquiétude, je rentrerai bientôt, pour ne plus me séparer d'elle.

A ces mots prononcés avec l'accent de la plus profonde douleur, je m'éloigne, je sors de la maison, je parcours la ville comme un insensé, je visite toutes les auberges, le port, je cherche mon frère, car je ne doutais point qu'il ne fût un des deux étrangers dont l'apparition avait été si mystérieuse, je cherche le capitaine Rivardin, je cherche la nourrice, je cherche l'enfant, je cherche tout ce qui peut servir à éclairer mes soupçons, je ne trouve partout que des gens qui me traitent de fou, d'homme ivre. La nuit s'avance et rend mes démarches plus inutiles. Son obscurité m'égare , je cherche encore…mais c'est mon chemin que je cherche et je ne parviens à le reconnaître que vers les onze heures du soir. Je rentre, fatigué , harrassé , désespéré , j'interroge les valets, personne n'a reparu. J'interroge madame Rivardin, elle est muette, triste, pensive, et craint elle-même d'en trop apprendre. Je la rasssure tant bien que mal, j'imagine un mensonge pour excuser l'absence de mon beau-frère, elle me croit ou elle ne me croit pas, elle feint au moins de me croire : au bout du compte je demande des nouvelles de ma femme. Madame Rivardin me répond d'une voix lugubre :

— Elle est couchée.

Et aussi-tôt, sans attendre d'autres questions , elle me fait un long discours sur les devoirs du mariage, un tableau pathétique de la position cruelle de mon épouse, et une dissertation sur le chapitre des ménagemens que sa douleur exige. Bref! si j'eusse été plus catholique, d'après ses conseils, je me serais engagé à me soumettre aux trois nuits de Job; mais un sentiment plus fort que tous ceux que je venais d'éprouver étouffait de si beaux raisonnemens. Je souhaitai le bonsoir à la vieille *papiste*, et tout en lui promettant beaucoup de respect pour son *dogme*, je m'acheminai vers la chambre nuptiale, je ne dirai pas sans trouble, je ne dirai pas non plus sans plaisir, mais bien résolu du moins de convertir le *dogme* en *paragoge*.

Si vous ne savez point ce que c'est qu'une *paragoge*, apprenez-le, sans consulter le Dictionnaire de l'Académie, une *paragoge* est un changement dans le matériel primitif d'un mot, par une addition faite à la fin.

CHAPITRE XXII.

Le voilà donc connu ce secret plein d'horreur !

Mɪɴᴜɪᴛ sonnait. . . . .

. . . .
. . . .
. . . .
. . . .
. . . .
. . . .
. . . .
. . . .
. . . .
. . . .
. . . .
. . . .
. . . .
. . . .
. . . .
. . . .

. . . . . . O surprise ! ô terreur !
Le voilà donc connu ce secret plein d'horreur !

————

CHAPITRE XXIII.

Ce qui s'ensuivit.

Il s'ensuivit ce que vous n'attendiez pas, et il ne s'ensuivit pas ce que vous attendiez. Mais cessons ce ton plaisant qui pourrait me faire soupçonner d'avoir un mauvais cœur. Mon dénouement est tragique, on ne peut pas plus tragique; c'est le cas ou jamais d'employer les mots entre-coupés, les sens suspendus, les points d'exclamation et toute la rocambole du sentiment; si vous ne pleuriez point, mes effets seraient manqués, et je rentrerais dans la classe des plus médiocres dramaturges.

— Minuit sonnait… tout reposait

dans la nature, excepté moi et les parisiens, qui ne se couchent qu'après minuit, je venais d'éteindre mes lumières, une seule lampe brûlait sous la cheminée, et répercutait sa lueur pâle et tremblante sur les plis ondoyans des rideaux mystérieux qui, de leurs vastes contours enveloppaient le trône de l'hymen. Oubliant en ce moment à quel prix j'avais acquis le trésor qu'ils renfermaient, je pénétrai sans bruit dans le jardin des Hespérides, et après en avoir soigneusement refermé l'entrée, je m'approchai de ma nouvelle Aréthuse, qui, jusqu'alors, avait gardé le plus profond silence.

— O vous ! qui avez si bien tracé les fureurs d'Oreste, les crimes d'Atrée et de Philomèle, les malheurs de Pelops, d'Arcas, d'Itys et de Térée, broyez mes couleurs, prêtez-moi vos pinceaux, que je peigne en traits de feu l'instant le plus affreux de ma vie, que je fasse passer dans toutes les ames, l'effroi, le trouble, l'horreur qui me saisissent ! Mon épouse.... ô ciel !... dois-je lui donner ce nom ? mademoiselle Benedicte....l'infortunée !... ses yeux sont fermés ! sa bouche n'exhale aucun souffle ! son cœur ne bat plus ! les voiles de la mort couvrent son visage, tous ses membres sont glacés. Quel désespoir l'a égarée ? quel poison a glissé dans ses veines ?... Frère barbare ! est-ce vous ?... Mais dieux ! fuyons, fuyons ce tombeau.... qui va devenir le mien ! — Je sonne, j'appelle, je répands l'alarme, tout s'émeut, tout s'agite ! — Madame Rivardin accourt la première. — Voyez-la ! m'écriai-je, ma femme mourante ! morte !... du secours ! s'il en est tems ! —La pauvre vieille,

frappée comme d'un coup de foudre,
se trouve mal et tombe sur le lit de
la victime. Les domestiques, les
voisins réveillés par mes cris, arrivent en foule. Des chirurgiens sont
appellés. — Vains secours, vains
remèdes ! mademoiselle Benedicte
a cessé de vivre ; et une lettre trouvée sous le chevet de son lit, en
expliquant à l'auditoire effrayé, les
causes désastreuses qui l'ont portée
à s'ôter la vie, arrache de mes yeux
le bandeau de l'erreur, et me laisse
entrevoir un abîme ouvert sous mes
pas. — « Connaissez vos malheurs
» et les miens, me disait mademoi-
» selle Benedicte, dans l'espèce de
» plaidoyer qu'elle avait fait pour
» justifier son dernier acte de déses-
» poir ; celui qui se présenta à mes
» regards sous les dehors les plus
» séduisans, qui enchaîna ma raison
» et mon cœur, celui que j'aimai....

» que j'aimai éperduement, je ne
» crains plus de l'avouer, celui dont
» je portai l'image dans mon sein,
» et qui, bientôt après oublia ses
» sermens, son honneur, ses de-
» voirs, celui qui me condamna au
» mépris, à l'abandon, c'est votre
» frère. Vous ne m'accuserez point,
» monsieur, de perfidie et de faus-
» seté ; souvenez-vous que dans
» toutes les occasions où vous me
» fîtes l'hommage de votre cœur,
» je ne répondis à vos offres que
» par un silence et des larmes, qui
» auraient dû vous faire assez con-
» naître que j'en étais indigne ; sou-
» venez-vous que la première fois
» que vous me vîtes dans l'église de
» St.-Merry, je vous conjurai par
» tout ce que vous aviez de plus
» cher, de me fuir, de fuir la plus
» malheureuse des femmes. Ah ! je
» l'eusse été moins et vous-même

» depuis vous n'eussiez pas été
» trompé par mille apparences, si
» l'homme sévère à qui mon père,
» en mourant, recommanda mon
» enfance, avait su gagner ma con-
» fiance, mériter ma tendresse et
» m'accabler moins du poids de son
» autorité. Ses menaces ont étouffé
» mes plaintes, vingt fois j'ai été
» tenté de lui confesser mon crime,
» vingt fois cet aveu a expiré sur
» mes lèvres. Et lorsque soumise
» aveuglement à ses volontés, j'ai
» eu la faiblesse de vous suivre aux
» autels, c'était pour détourner
» d'une innocente créature, d'un
» enfant au berceau, la fureur et
» la vengeance de ce farouche men-
» tor, que mes refus n'auraient pas
» manqué d'irriter. Ainsi j'étais née
» vertueuse, j'ai vécu criminelle,
» et je meurs doublement coupable.
» Le remords n'est pas le seul poison

» qui circule dans mes veines…
» j'éprouve des déchiremens… je
» souffre… je souffre avec cou-
» rage , parce que j'ai l'idée conso-
» lante que vous me pardonnerez ,
» que vous me plaindrez… et que
» mon fils…. mon malheureux
» fils… Ah dieux !… je m'affai-
» blis…. je pardonne à mon frère….
» à l'ingrat Eugene… »

— Eugène ! à ce mot, un bourdonnement, précurseur d'un nouvel
orage , se fait entendre de tous les
côtés de l'appartement ; une voix
qui ne m'est point inconnue pénètre
jusqu'à moi ; bientôt un homme
couvert de sang , de sueur et de
poussière , perce la foule et paraît
comme une des Euménides venge-
resses : c'est Eugène ! c'est mon
frère lui-même ! il se précipite
dans mes bras et s'écrie, en m'ar-
mant de l'épée nue qu'il tient à la

main. — Au nom du ciel, j'invoque
ta reconnaissance, ta pitié, ta générosité, plonge, plonge ce fer
dans mon sein, épargne-moi de
nouveaux crimes…. crains, crains,
te dis-je, que ma fureur ne retombe
sur toi-même.

— Mon frere ! — Je ne le suis
plus ! je suis un monstre !.. — Qu'a-
vez-vous fait ? — L'enfer a conduit
mon bras. — Ce sang est… — Celui…. celui d'un traître ! du persé-
cuteur de mon amante…… — Le
capitaine…. — Est mort ! — Malheureux ! la justice……. — Je la
cherche. — Le supplice….. — Je
veux mourir. — Et tu sais… — Tout.
Tu es devenu, malgré toi, mon rival, tu as épousé celle que j'aimais,
reconnais ton erreur, ta honte, la
mienne, apprends que ton épouse..
que cet enfant…. — Mon épouse !
grand Dieu ! quel nom prononce-

tu ?.. Eugene, rouvre les yeux... frémis.... tremble.... meurs.... — Hé bien ?.. — Mon épouse !.. Ton amante... La sœur de celui qui vient d'expirer sous tes coups... — Acheve... — La voilà !.. Regarde... Son âme s'est envolée vers les cieux ? Eugene regarde, frémit, recule et tombe sans proférer un seul mot. Voilà deux de mes principaux acteurs morts, deux autres sont sans connaissance; seul je reste encore debout au milieu des *chœurs* de témoins et de curieux qui remplissent l'appartement, mais tous ces événemens sinistres n'avaient pu se passer sans que la justice en fût promptement informée. Des clameurs lointaines annoncent son arrivée, des archers paraissent enfin. Ceux-ci sont divisés en deux bandes. A la tête de l'une est un commissaire en robe noire. Que vois-je ! à la tête de l'autre ? mon *vieux quaker*, mon ange gardien qui va sans doute me tirer de ce dernier danger.

— Qui se serait attendu à un pareil dénouement ? c'est assez l'usage qu'après un grand coup de théâtre, on termine rapidement la pièce. Si j'avais à ma disposition un incendie ou une pluie de feu, je serais sûr de finir la mienne encore plus chaudement, mais comme je n'ai ni l'un ni l'autre, je vais passer légèrement sur des détails qui ne pourraient que paraître froids à une grande partie de mes spectateurs.

— Mon frere fut arrêté, mis en prison, jugé et condamné à un bannissement perpétuel. — Le vieux quaker qui n'était autre qu'un ami de mon père et spécialement chargé par lui de surveiller toutes nos démarches, toutes nos actions, irrité de la conduite scandaleuse que j'avais tenue envers mon oncle Jérôme et sa charmante fille, était parvenu à obtenir un mandat d'arrêt contre moi, pour me faire renfermer jusqu'à ce que je fusse disposé à réparer l'affront que j'avais fait à mes parens. Arrivé à l'Orient avec mon frere qu'il avait découvert dans le fond du Bourbonnais, il venait mettre son mandat à exécution sans savoir que j'étais déjà marié. — La mort imprévue de mademoiselle Benedicte cassant *de fait* mon mariage, il n'y vit qu'un motif de plus pour me forcer à revenir dans mon pays natal. — Je fus détenu trois mois au château de Pierre-en-Cize, et je n'obtins mon élargissement qu'à la condition que j'épouserais mademoiselle Berthe. — J'ai donc épousé mademoiselle Berthe, j'ai adopté l'enfant de mon malheureux frère,

frère, j'ai repris l'état de mon père,
et pressé par mon libraire (qui
croit que mes avantures seront du
bruit dans le monde) de clore ce
dernier chapitre, je le termine par
cette épigraphe de Santeuil. — *Ri-
dendo castigat mores*, que je tra-
duis ainsi : *le rideau cache les
m...*

F I N.

TABLE

Des Chapitres contenus dans le second Volume.

CATALOGUE

Des Ouvrages nouveaux qui se trouvent chez le même Libraire.

Histoire d'un Chien, écrite par lui-même, et publiée par un homme de ses amis, ouvrage critique, moral et philosophique. 1 vol. in-12, orné de trois gravures. Prix : 2 francs.

— Cet ouvrage a un très-grand succès, et il ne reste qu'un petit nombre d'exemplaires de sa première édition.

Les Après-dînées de Campagne, ou *un peu de tout*, almanach chantant pour l'an Grégorien 1802, et suivi d'un petit recueil d'énigmes, de charades, et de logogriphes. Prix : 75 centimes.

Pièces de théâtre.

Léhéman, ou la *Tour de Neustadt*, opéra en trois actes, représenté avec beaucoup de succès sur le théâtre de l'opéra-comique, rue Feydeau. — Paroles de M. Marsollier, musique de M. Daleyrac. — Prix : 1 franc 50 centimes.

L'Italo ou *l'Emporté*, opéra-bouffon

en 1 acte de MM. Marsollier et Mehul,
(représenté au théâtre Favart).

Allez voir Dominique, vaudeville en
un acte.

*Le Mari, l'Amant et le Voleur comme
il y en a peu*, vaudeville en un acte.

Une heure d'absence, comédie en un
acte et en prose, de M. Loraux neveu (re-
présentée au théâtre Louvois).

Pont-de-Veyle, ou le Bonnet de docteur,
vaudeville en un acte, (du théâtre Montansier).

Le petit Jacquot,, opéra en 1 acte (du
théâtre Montansier.

Le Joueur d'échecs, vaudeville en 1
acte, de MM. Marsollier et Chazet, (au
théâtre Montansier).

L'Abbé Pellegrin, vaudeville en 1 acte,
(au Vaudeville).

Madame MASSON tient généralement
tout ce qui concerne la Librairie, Romans
nouveaux, Pièces de théâtre anciennes
et modernes, et l'on peut s'abonner chez
elle pour la lecture.